Silvia Braun

Niedliche Kleider

für meine Lieblingspuppe

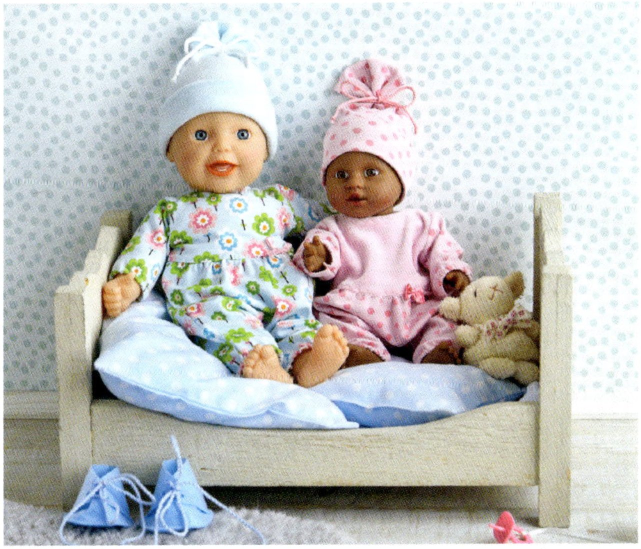

CV

Inhalt

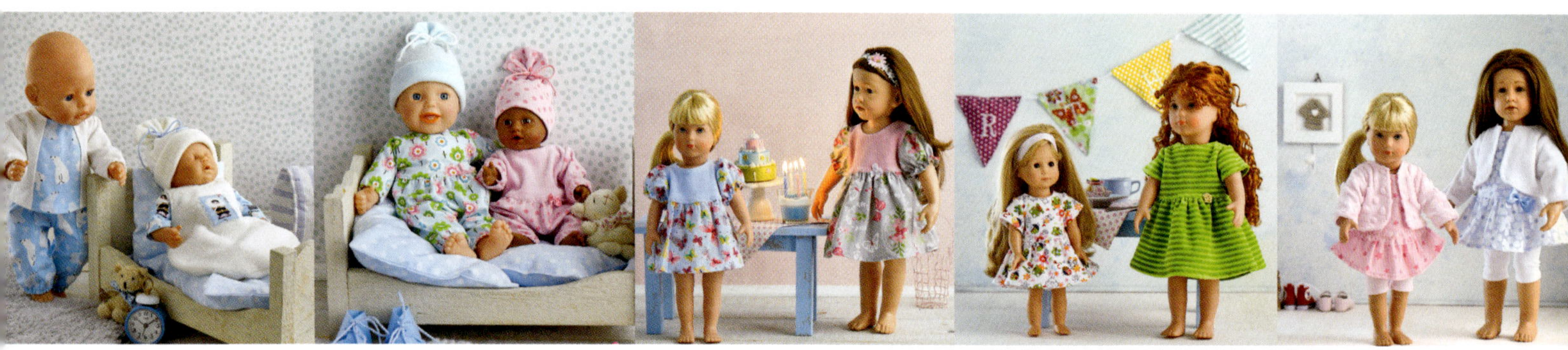

Für jede Gelegenheit das passende Outfit!

Es ist immer wieder eine Freude, Kindern beim Spielen mit ihren Puppen zuzusehen. Oft vergessen sie dabei Zeit und Raum und sind vollkommen vertieft darin, ihr Puppenbaby zu umsorgen. Wenn es dann auch noch etwas Neues zum Anziehen gibt, ist das Glück perfekt.
In diesem Buch werden Sie viele einfach nachzuarbeitende Modelle finden, die garantiert gelingen. Bei der Auswahl der Schnittmuster habe ich auf zwei Dinge besonders geachtet: Zum einen soll sich der Zeitaufwand für das Nacharbeiten in Grenzen halten, deshalb sind die Vorlagen auch recht unkompliziert. Zum anderen soll es möglich sein, eventuell schon vorhandene Stoffreste sinnvoll und schön einzusetzen. Sie werden zahlreiche Beispiele finden, bei denen verschiedene Stoffe kombiniert werden. So erzielen Sie auch mit sehr kleinen Resten tolle Ergebnisse.

Bei den meisten Vorlagen ist es möglich, durch kleine Abänderungen und durch die Verwendung unterschiedlicher Stoffqualitäten neue Varianten zu erhalten. So können Sie zum Beispiel mit demselben Schnittmuster eine Jeanshose oder eine weiche Nickihose für einen Schlafanzug anfertigen.

Alle Modelle werden Schritt für Schritt erklärt und es gibt viele allgemeine Hinweise zum Thema „Nähen". Der Erfolg wird nicht ausbleiben und die Freude der Kinder über die neuen Puppenkleider ist ein schöner Dank für die investierte Zeit.

Viel Spaß beim Nacharbeiten wünscht Ihnen Ihre Silvia Braun

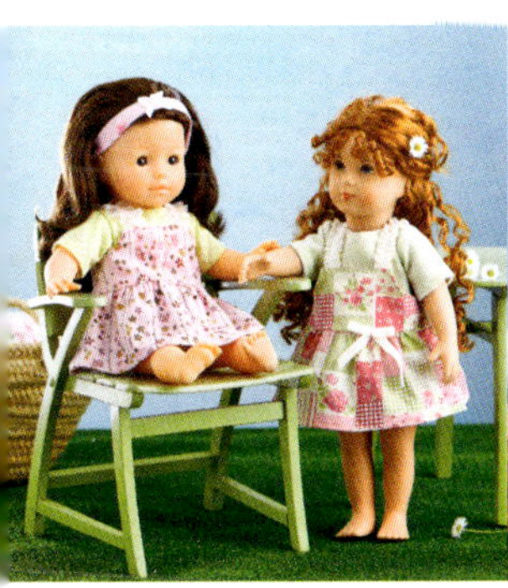
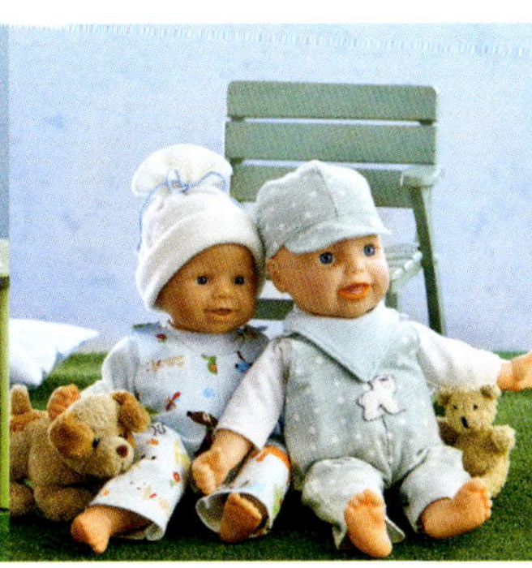
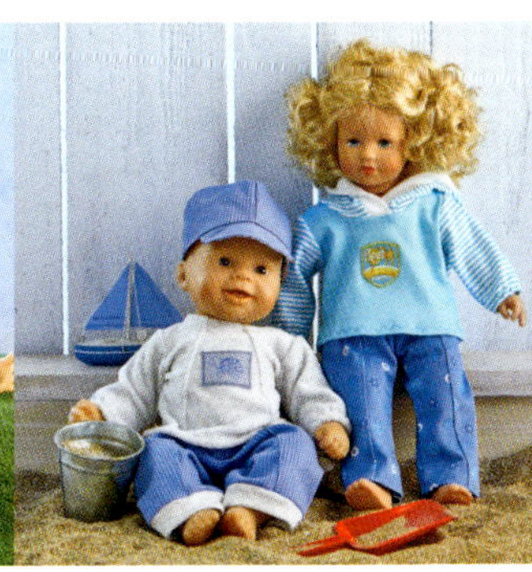
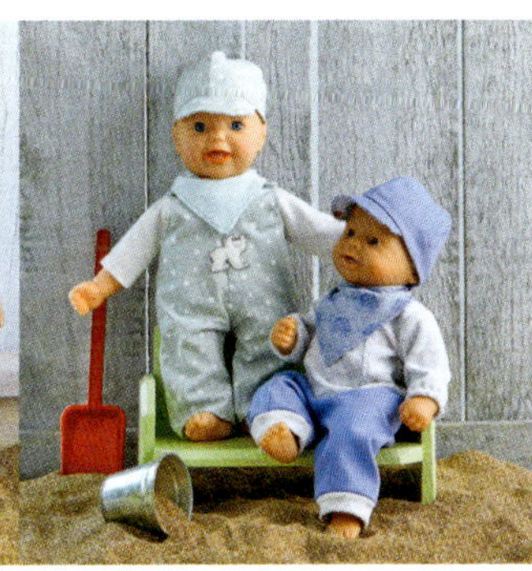
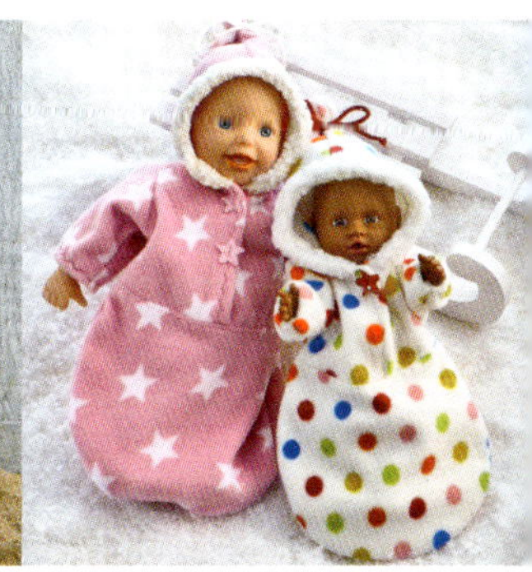

Grundsätzliches

Kleidergröße einer Puppe ermitteln

Bevor mit dem Nähen begonnen werden kann, ist es wichtig, die passende Kleidergröße zu ermitteln. Man unterscheidet zwischen Babypuppen und Mädchen- oder Stehpuppen. Die Proportionen beider Puppenarten unterscheiden sich wie die von Baby und Kind. Babypuppen haben kürzere Arme und Beine, der Körper ist etwas dicker. Stehpuppen sind im Verhältnis zur Größe deutlich schlanker und die Gliedmaßen länger.

Die Schnittvorlagen dieses Buches orientieren sich an Babypuppen. Einige der Schnittmuster können auch für Stehpuppen verwendet werden (am ehesten die Kleiderschnitte). Falls die etwas zu reichliche Weite des fertigen Kleidungsstückes stört, kann dann das Oberteil ein wenig enger genäht werden.

Die Kleidergröße einer Puppe entspricht der Körperlänge vom Scheitel bis zur Ferse. Eine Puppe misst man am besten, indem man sie auf ein Maßband legt. Mit dem Maßband und einem Lineal einen rechten Winkel bilden und den Scheitel der Puppe am Lineal anstoßen lassen. An den Fersen die Länge der Puppe ablesen. In diesem Buch finden Sie Schnittvorlagen für die gängigen Puppengrößen 32 cm, 36 cm, 43 cm und 48 cm. Eine Tabelle mit detaillierten Puppenmaßen finden Sie auf Seite 45.

Grundausstattung

Folgende Dinge werden generell benötigt und sind in den Anleitungen nicht noch einmal gesondert aufgeführt:

- Nähmaschine
- Maßband und Lineal
- Schnittmusterpapier
- Schneiderkreide, Markierstifte
- Schneiderschere und kleine Handarbeitsschere
- Steck-, Näh- und Sicherheitsnadeln
- Nahttrenner
- Schneiderahle
- Nähgarn in passenden Farben
- Klettverschlussband, 2 cm breit
- Gummiband, ca. 0,5 cm breit für Raffungen und ca. 1 cm breit für einen Taillenbund

Stoffauswahl

Bei den gezeigten Modellen werden unterschiedliche Stoffqualitäten verwendet. Bei Modellen, für die ein elastischer Stoff (z.B. Nicki oder Jersey) angegeben ist, sollte ein solcher verwendet werden, da sonst die fertigen Teile nicht passen.

Beim Stoffdesign ist zu beachten, dass kleine Muster grundsätzlich besser zu Puppenkleidung passen als große. Bei Stoffen mit einer Musterrichtung oder einem großen Musterrapport fällt beim Zuschneiden mehr Abfall an und es muss eventuell ein höherer Stoffbedarf berücksichtigt werden.

Manche Stoffe haben eine so genannte Strichrichtung, z.B. Cord, Nicki, Cordsamt, Microfleece usw. Hier schimmert die Oberfläche je nach Richtung in die man streicht anders. Deshalb ist es bei diesen Stoffen wichtig, dass alle Schnittteile in einer Richtung auf den Stoff gelegt werden. Ob mit dem Strich, oder gegen den Strich ist dabei Geschmacksache.

Stoffbedarf

Der Stoffbedarf ist stets ausreichend für Puppengröße 48 cm in Breite mal Höhe angegeben.

Bügeln

Den Stoff stets vor dem Zuschneiden und bei Bedarf zwischen den einzelnen Arbeitsschritten bügeln.

Rechte und linke Stoffseite

Jeder Stoff hat eine rechte und eine linke Stoffseite. Die rechte Seite ist die »Schauseite« des Stoffs. Wenn es also heißt »Stoffteile rechts auf rechts aufeinander legen«, zeigen die rechten Schauseiten nach innen und die linken Seiten nach außen.

Nahtzugabe

In den Schnittmustern ist bereits eine Nahtzugabe von 0,7 cm an allen Schnittkanten enthalten. Wenn Sie keine größere Nahtzugabe zum Arbeiten brauchen, können Sie direkt an der Schnittvorlage entlang zuschneiden.

Fadenlauf

Auf den Schnittvorlagen ist der Fadenlauf eingezeichnet. Alle Teile werden so auf den Stoff gelegt, dass der Fadenlauf parallel zur Webkante verläuft.

Zuschneiden

Die Schnittvorlagen des gewählten Modells auf Schnittmusterpapier abpausen und ausschneiden. Schnittteil auflegen, feststecken und mit einem selbstlöschenden Stift umfahren. Den Stoff an den Linien ausschneiden. Eine Nahtzugabe von 0,7 cm ist bereits in der Vorlage enthalten.

Bei den Modellen wird angegeben, wie oft ein Teil zugeschnitten wird. Wird ein Teil 1x und 1x seitenverkehrt benötigt, kann der Stoff in der erforderlichen Breite rechts auf rechts doppelt gelegt und dann beide Teile gleichzeitig ausgeschnitten werden. Manche Teile werden im Stoffbruch (= die Faltlinie des doppelt gelegten Stoffs) zugeschnitten. Das Schnittmuster zeigt dann nur die Hälfte des Gesamtteils. Durch das Anlegen an den Stoffbruch wird beim Zuschneiden die zweite Hälfte des Teils ergänzt.

Versäubern

Schnittkanten sollten versäubert werden, um ein Ausfransen zu verhindern. Am einfachsten geht das mit einer Overlock-Nähmaschine. Haushaltsnähmaschinen bieten als Alternative den Zickzackstich oder spezielle Overlock-Stiche an.

Nähen

Der Geradstich ist der grundlegende Nutzstich beim Nähen mit der Nähmaschine. Dies wird auch als „Steppen" bezeichnet. Im Allgemeinen wird auf der linken Stoffseite genäht. Dazu die beiden rechten Stoffseiten aufeinander legen (in der Anleitung ist dann von „rechts auf rechts" die Rede) und mit Geradstichen zusammennähen. Die Stichlänge ist variabel, in der Regel wird mit einer Stichlänge von 2,5 mm genäht.

Elastische Stoffe erfordern elastische Nähte, damit die Nähte nicht reißen. Die meisten Nähmaschinen haben elastische Stiche im Programm, ein Blick in die Gebrauchsanweisung lohnt sich auf jeden Fall.

Gelegentlich werden Nähte auf der rechten Seite zusätzlich mit einem Zierstich knappkantig abgenäht.

Gute Nacht, Schätzchen

Schlafsäckchen • Vorlagen 1a-c in Schwarz auf Bogen A

Material

- Fleece, 55 x 70 cm
- Jersey mit Motiv, ca. 4 x 6 cm
- einseitig klebende Bügeleinlage, ca. 4 x 12 cm

Zuschneiden

- oberes Vorderteil: 1x im Stoffbruch
- unteres Vorderteil: 1x im Stoffbruch
- Rückteil: 1x im Stoffbruch

Nähen

1. Da Fleece nicht ausfranst, ist ein Versäubern nicht unbedingt erforderlich.
2. Die Applikation vorbereiten, siehe Seite 42.
3. Das untere und das obere Vorderteil rechts auf rechts legen und zusammennähen. Nahtzugabe nach oben legen und mit einem Zierstich absteppen.
4. Die Applikation auf dem Vorderteil platzieren und aufbügeln (! Bügeltuch auflegen). Mit Steppstichen knapp neben der Zickzacknaht festnähen.
5. Vorder- und Rückteil rechts auf rechts aufeinander legen; Beutelkanten – bis zu den Armausschnitten – zusammennähen.
6. Die Hals- und Armausschnittkanten je 7 mm breit säumen, siehe Seite 44.
7. 2 Stücke Klettverschluss à 2 x 1,5 cm abschneiden. Jeweils die Flauschstücke am oberen Rand der Rückenteilträger auf die Innenseite, die Hakenstücke am oberen Rand der Vorderteilträger auf die Außenseite nähen.

Basic-Shirt siehe Seite 10
Mütze siehe Seite 40
Shirt mit Teilungsnähten siehe Seite 28
Hose mit Teilungsnähten siehe Seite 30

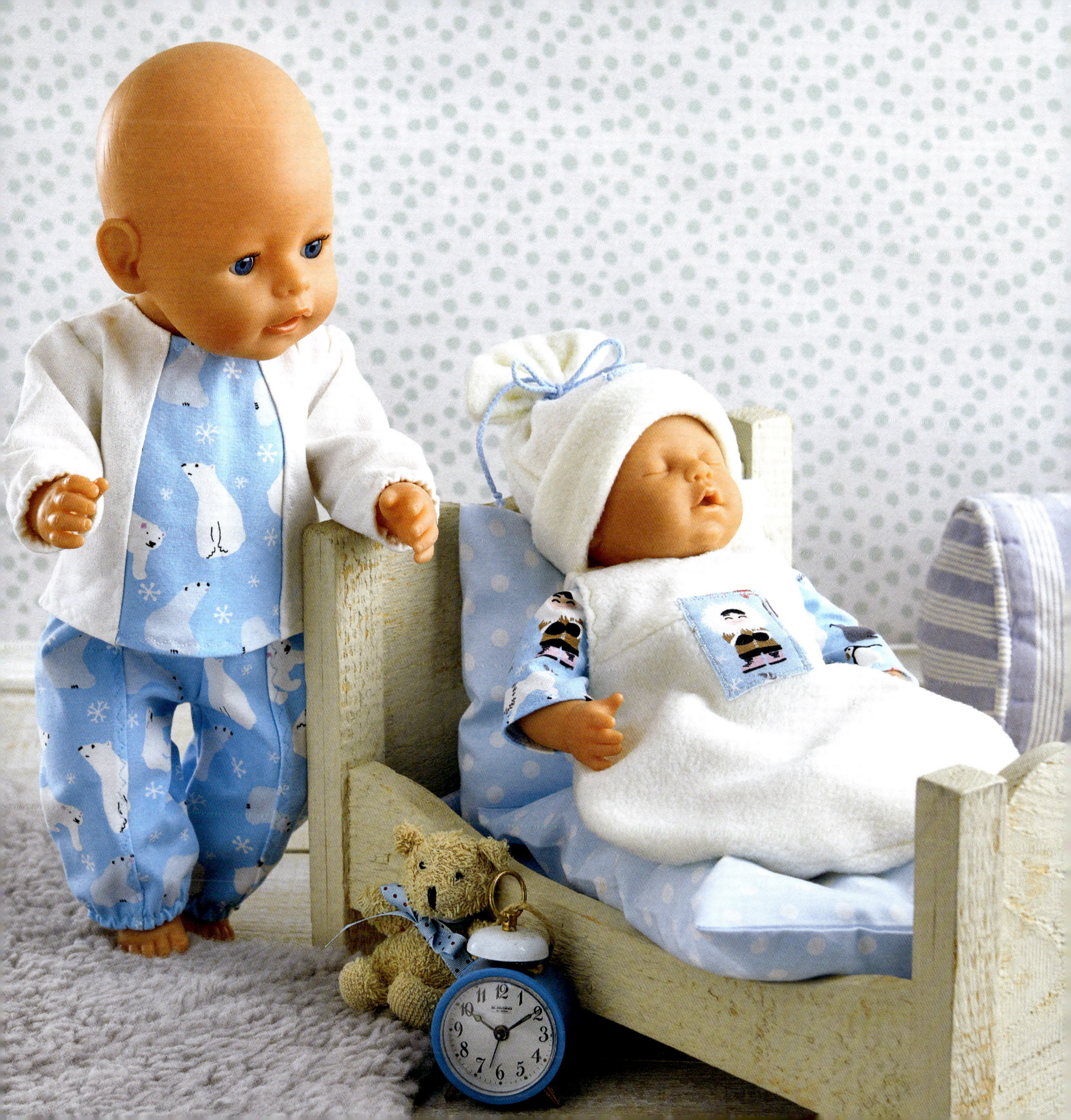

Gemütliche Kombination

Pumphose • Vorlagen 2a-c in Schwarz auf Bogen A | **Basic-Shirt** • Vorlagen 3a-f in Schwarz auf Bogen A

Material

Pumphose

- Jersey, 70 x 30 cm
- Bundware für den Taillenbund, 26 x 8 cm
- Bundware für die Beinbündchen, 22 x 2 cm

Basic-Shirt

- Jersey, 85 x 30 cm

Zuschneiden

Pumphose

- Vorderteil: 1x im Stoffbruch
- Rückteil: 1x im Stoffbruch

Basic-Shirt

- Vorderteil: 1x im Stoffbruch
- Rückteil: 1x und 1x seitenverkehrt
- Ärmel: 1x und 1x seitenverkehrt

Nähen

Pumphose

1. Hosenteile rechts auf rechts aufeinander legen und die Beinaußenseiten schließen. Nahtzugaben versäubern.
2. Die innere Beinnaht schließen. Nahtzugaben versäubern.
3. Den Bündchenstreifen für den Taillenbund an den Schmalkanten zum Ring schließen, dann an den Längsseiten so zur Hälfte falten, dass die linke Stoffseite innen liegt.
4. Mit Stecknadeln am oberen Hosenrand die vordere und hintere Mitte sowie die Seiten markieren, das Bündchen mit Stecknadeln in Viertel unterteilen. Bündchen an die Hose stecken, dabei treffen die 1/4-Markierungen aufeinander.
5. Das Bündchen annähen, dabei das Bündchen dehnen und gleichzeitig die Hose raffen, damit das Bündchen nicht überdehnt wird. Nahtzugaben versäubern.
6. Bein-Bündchenstreifen halbieren und in gleicher Wiese an die Hosenbeine nähen.

Basic-Shirt

1. Alle Kanten versäubern.
2. Die hinteren Oberteile rechts auf rechts auf das vordere Oberteil legen und die Schulternähte schließen.
3. Den Halsausschnitt 7 mm breit säumen, siehe Seite 44.
4. Die unteren Ärmelkanten säumen; Ärmel in die Armausschnitte einsetzen.
5. Jeweils die Ärmelnaht und die Seitennaht durchgängig schließen.
6. An den hinteren Oberteilen die Kanten der hinteren Mitte 7 mm breit nach links säumen und einen Klettverschluss anbringen, siehe Seite 43. Rückennaht schließen.
7. Die untere Kante des Shirts 7 mm breit säumen.

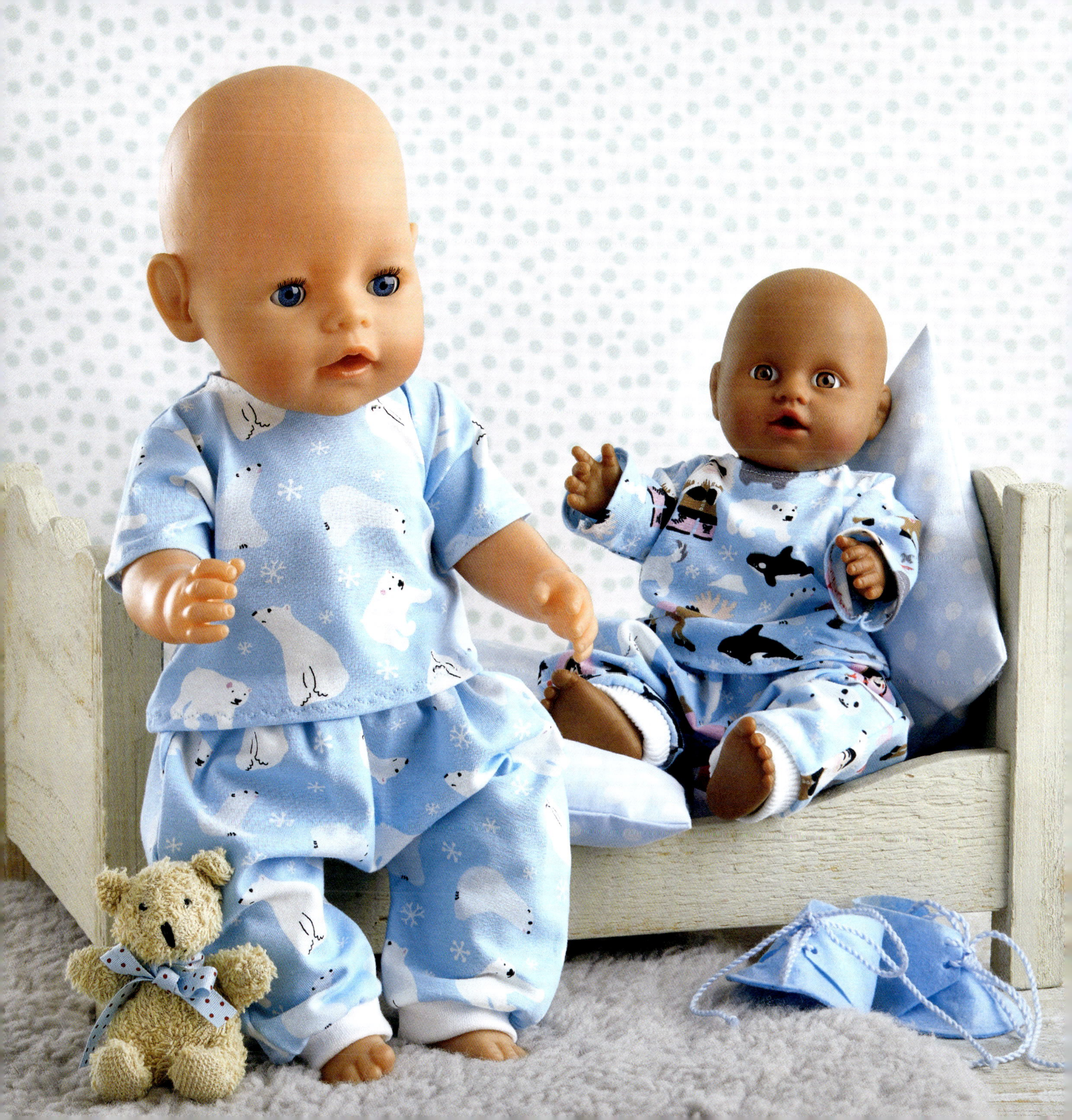

Rundum eingepackt

Einteiler • Vorlagen 4a-e in Schwarz auf Bogen B

Material

- Jersey oder Nicki, Modell aus 1 Stoff: 110 x 50 cm
- Jersey oder Nicki, Modell aus 2 Stoffen: für Hosenteil und Ärmel 110 x 30 cm und für das Oberteil 55 x 20 cm
- Satinschleife (optional)

Zuschneiden

- vorderes Oberteil: 1x im Stoffbruch
- hinteres Oberteil: 1x und 1x seitenverkehrt
- vorderes Hosenteil: 1x im Stoffbruch
- hinteres Hosenteil: 1x im Stoffbruch
- Ärmel: 1x und 1x seitenverkehrt

Nähen

1. Alle Kanten versäubern.
2. An den hinteren Oberteilen die Kanten der hinteren Mitte 7 mm breit nach links säumen; 2 cm von der oberen Kante entfernt einen Klettverschluss anbringen, siehe Seite 43.
3. Den Klettverschluss schließen. Dadurch liegen die Kanten der hinteren Oberteile ca. ½ cm übereinander. Die überlappenden Kanten mit einer Stecknadel feststecken, damit die Teile beim Annähen des Hosenteils nicht verrutschen.
4. Die oberen Kanten der Hosenteile auf die Weite der unteren Kanten der Oberteile einkräuseln, siehe Seite 42.
5. Hosenteil und das entsprechende Oberteil rechts auf rechts legen und die Taillennaht schließen.
6. Nahtzugaben in die Oberteile legen und flachsteppen.
7. Vorder- und Rückteil rechts auf rechts legen, Schulternähte schließen.
8. Die Halsausschnittkante 7 mm breit säumen, siehe Seite 44.
9. An den unteren Ärmelkanten je einen Gummizug einnähen, siehe Seite 43.
10. Die Ärmel in die Armausschnitte nähen.
11. Jeweils die Ärmelnaht und die Seitennaht durchgängig schließen.
12. An den unteren Beinkanten ebenfalls einen Gummizug einnähen.
13. Die inneren Beinnähte schließen.
14. Gegebenenfalls die Satinschleife annähen.

Mütze siehe Seite 40

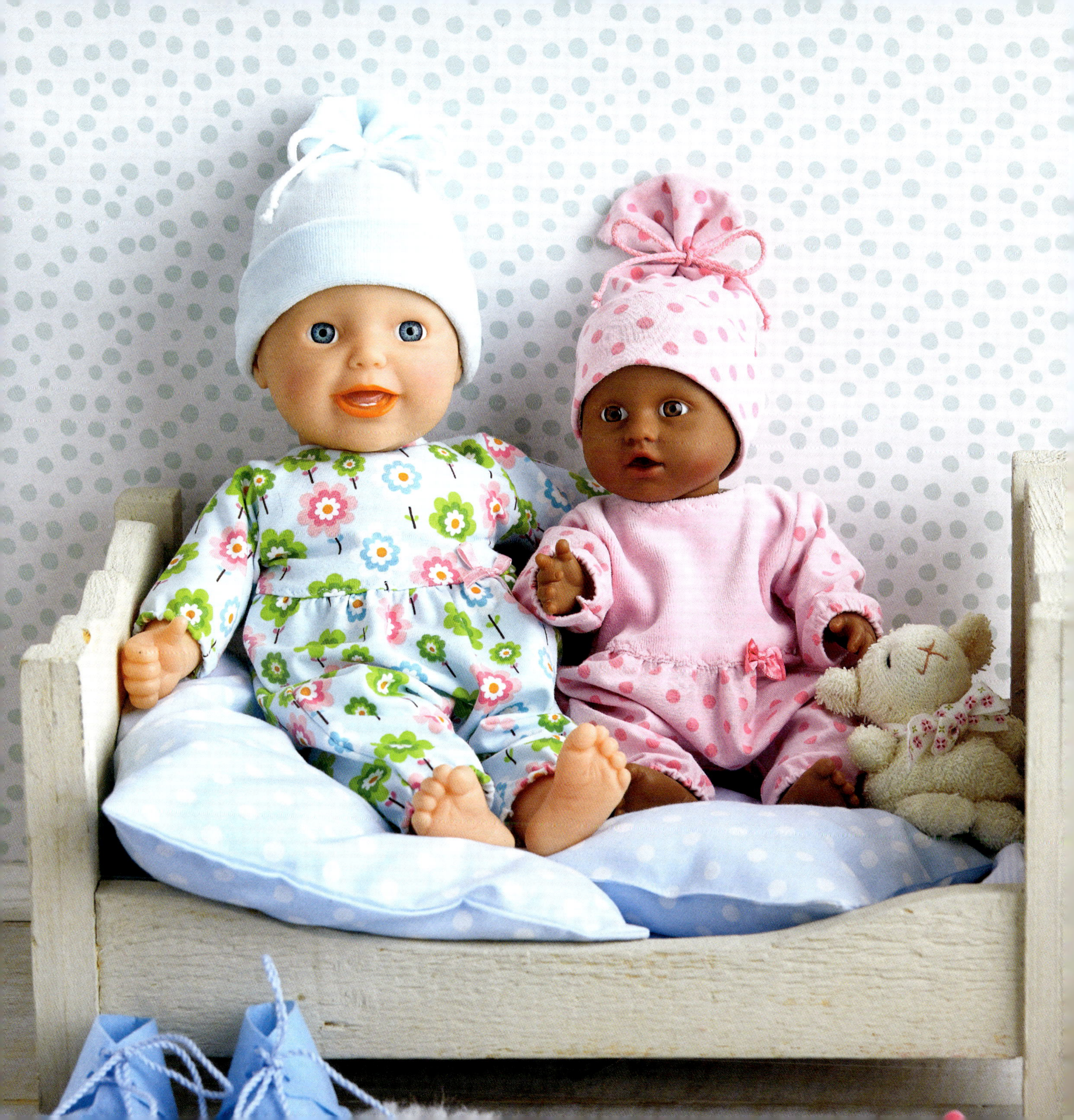

Zum Geburtstag

Kleid mit Empire-Taille • Vorlagen 5a-f in Schwarz auf Bogen B

Material

- Baumwollstoff, 110 x 45 cm
- Nicki, 35 x 15 cm
- Satinschleife zum Annähen (optional)

Zuschneiden

Baumwolle:
- vorderes Rockteil: 1x im Stoffbruch
- hinteres Rockteil: 1x und 1x seitenverkehrt
- Ärmel: 2x

Nicki:
- vorderes Oberteil: 1x im Stoffbruch
- hinteres Oberteil: 1x und 1x seitenverkehrt

Nähen

1. Alle Kanten versäubern.
2. Die hinteren Oberteile rechts auf rechts auf das vordere Oberteil legen und die Schulternähte schließen.
3. Kante des Halsausschnittes 7 mm breit säumen, siehe Seite 44.
4. Die oberen Kanten der Rockteile auf die Weite der unteren Kanten der Oberteile einkräuseln, siehe Seite 42.
5. Rockteile rechts auf rechts an die Oberteile nähen. Nahtzugaben in die Oberteile legen und flachsteppen.
6. Puffärmel vorbereiten und einnähen, siehe Seite 43.
7. Jeweils die Ärmelnaht und die Seitennaht durchgängig schließen.
8. An der hinteren Rückteil-Mitte einen Klettverschluss anbringen und die Rückennaht schließen, siehe Seite 43. Das Kleid sollte so weit zu öffnen sein, dass es auch einer Puppe mit steifen Armen leicht angezogen werden kann. Falls die Öffnung sehr groß ist, besser einen zweiten Klettverschluss unterhalb des Oberteils anbringen.
9. Den Saum des Kleides ca. 7 mm breit säumen.
10. Gegebenenfalls die Satinschleife annähen.

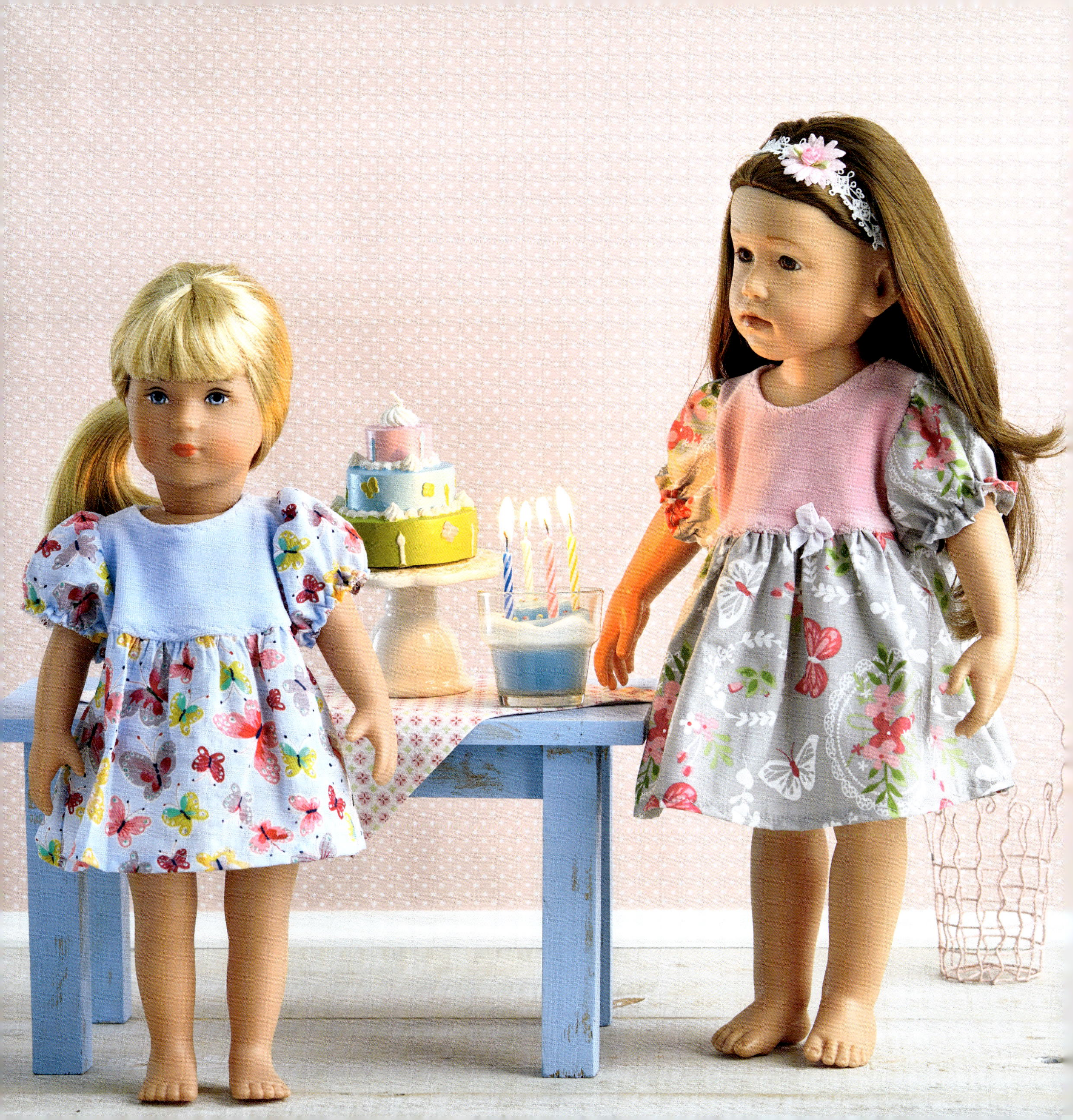

Praktisch & schick

Trägerkleid • Vorlagen 5a, 6a-c in Schwarz auf Bogen B | **Leggins** • Vorlagen 7a und b in Pink auf Bogen A

Material

Trägerkleid

- Jersey, 110 x 45 cm
- Samtband, ca. 25 cm

Leggins

- Jersey oder elastischer Synthetikstoff (z.B. Badeanzugstoff), 50 x 35 cm

Zuschneiden

Trägerkleid

- Rockteil: 2x im Stoffbruch
- hinteres Oberteil: 1x im Stoffbruch
- vorderes Oberteil: 1x im Stoffbruch

Leggins

- Hosenteil: 1x und 1x seitenverkehrt

Nähen

Kleid

1. Alle Kanten versäubern.
2. Halsausschnitt 7 mm breit säumen, siehe Seite 44.
3. Die oberen Kanten der Rockteile auf die Weite der unteren Kanten der Oberteile einkräuseln, siehe Seite 42.
4. Rockteile rechts auf rechts an die Oberteile nähen. Nahtzugaben in die Oberteile legen und flachsteppen.
5. Seitennähte schließen.
6. Armausschnitte 7 mm breit säumen.
7. Die untere Kante des Rocks 1 cm breit säumen.
8. 2 Stücke Klettverschluss à 2 x 1-1,5 cm abschneiden. Jeweils die Flauschstücke am oberen Rand der Rückenteilträger auf die Innenseite, die Hakenstücke am oberen Rand der Vorderteilträger auf die Außenseite nähen.
9. Aus dem Samtband eine Schleife legen und mit Nähfaden fixieren; Schleife annähen.

Leggins

1. Alle Kanten versäubern (bei Verwendung von Badeanzugstoff nicht unbedingt erforderlich, da dieses Material nicht ausfranst).
2. Die Hosenteile rechts auf rechts legen; die Kanten der vorderen Mitte sowie die Kanten der hinteren Mitte zusammennähen.
3. Die obere Kante der Hose ca. 1,5 cm nach innen legen und einen Tunnel für das Gummiband nähen. Ca. 2 cm der Naht offen lassen, um das Band einziehen zu können. Gummiband einziehen, siehe Seite 44.
4. Die unteren Beinkanten ca. 1 cm breit säumen, siehe Seite 44.
5. Die inneren Beinnähte schließen.

Basic-Shirt siehe Seite 10
Kleid mit Empire-Taille siehe Seite 14

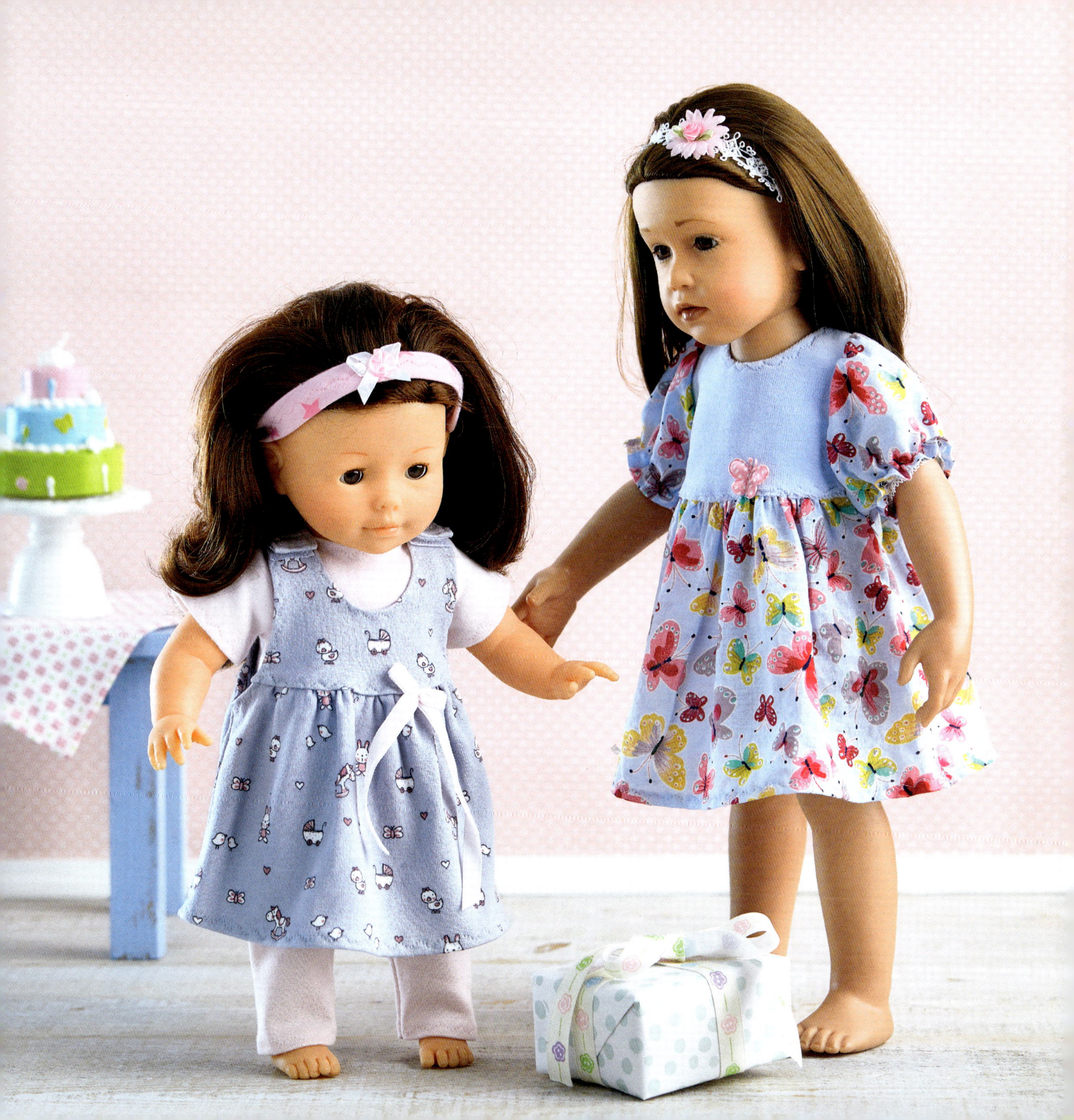

Wir feiern ein Fest

Halbarmkleid • Vorlagen 8a-f in Pink auf Bogen A

Material

- Jersey oder Nicki, 90 x 35 cm
- Satinrose (optional)

Zuschneiden

- vorderes Oberteil: 1x im Stoffbruch
- hinteres Oberteil: 1x und 1x seitenverkehrt
- vorderes Rockteil: 1x im Stoffbruch
- hinteres Rockteil: 1x und 1x seitenverkehrt
- Ärmel: 2x

Nähen

1. Alle Kanten versäubern.
2. Die hinteren Oberteile rechts auf rechts auf das vordere Oberteil legen und die Schulternähte schließen.
3. Kante des Halsausschnittes 7 mm breit säumen, siehe Seite 44.
4. Die oberen Kanten der Rockteile auf die Weite der unteren Kanten der Oberteile einkräuseln, siehe Seite 42.
5. Rockteile rechts auf rechts an die Oberteile nähen. Nahtzugaben in die Oberteile legen und flachsteppen.
6. Ärmel an den Armausschnitten einnähen.
7. Die unteren Ärmelkanten 7 mm breit säumen.
8. Jeweils die Ärmelnaht und die Seitennaht durchgängig schließen.
9. An der hinteren Rückteil-Mitte einen Klettverschluss anbringen und die Rückennaht schließen, siehe Seite 43. Das Kleid sollte so weit zu öffnen sein, dass es auch einer Puppe mit steifen Armen leicht angezogen werden kann. Falls die Öffnung sehr groß ist, besser einen zweiten Klettverschluss unterhalb des Oberteils anbringen.
10. Die untere Kante des Kleides ca. 1 cm breit säumen.
11. Gegebenenfalls die Satinrose annähen.

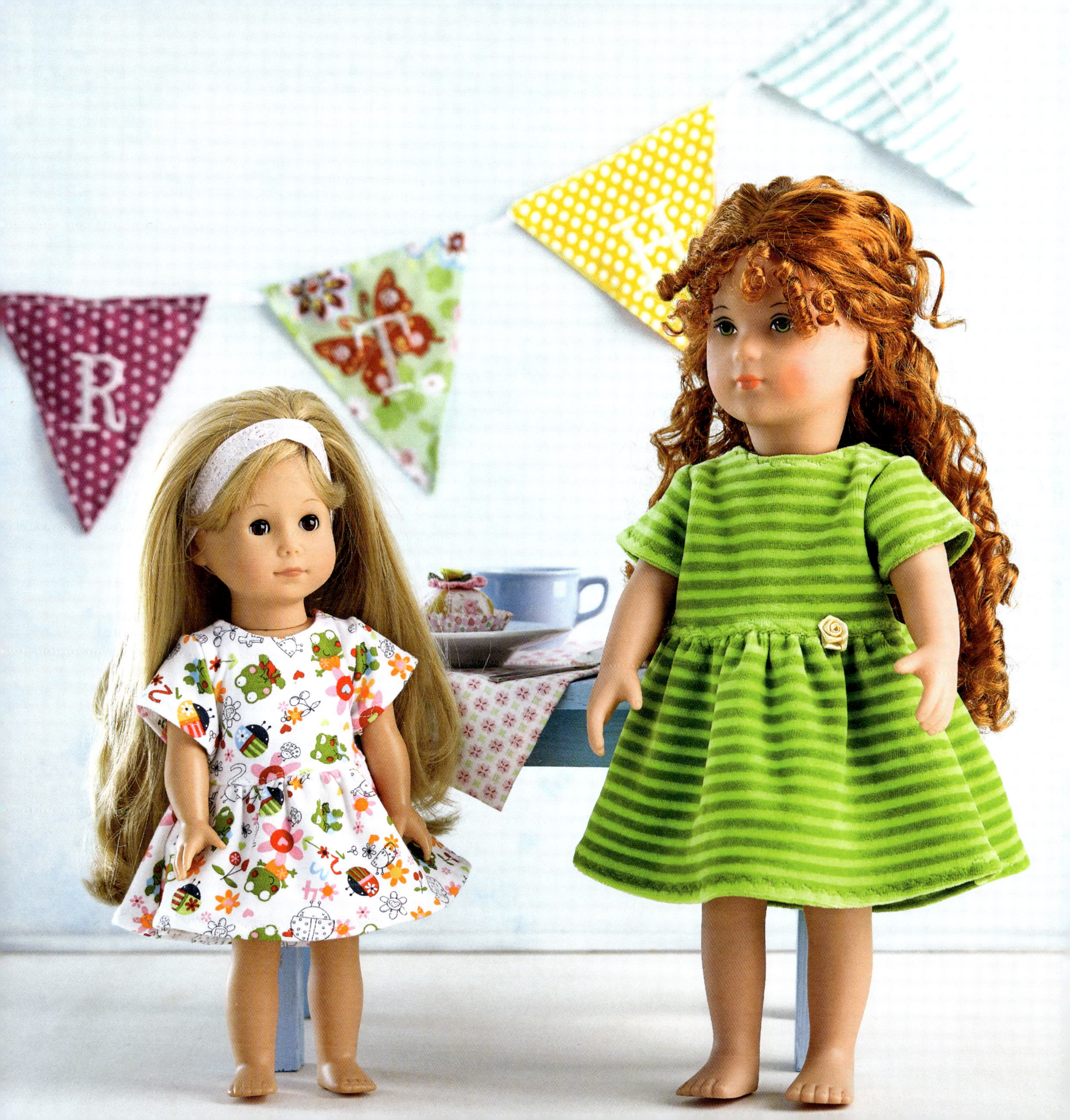
R
T

Für Party-Girls

Baumwollkleid mit tiefer Taille • Vorlagen 9a-d in Pink auf Bogen A

Material

- Baumwollstoff, 110 x 30 cm
- Futter, 40 x 20 cm
- Satinrose/Satinschleife

Zuschneiden

Baumwollstoff:
- vorderes Oberteil: 1x im Stoffbruch
- hinteres Oberteil: 1x und 1x seitenverkehrt
- Rockteil: 2x im Stoffbruch
- Ärmel: 2x

Futter:
- vorderes Oberteil: 1x im Stoffbruch
- hinteres Oberteil: 1x und 1x seitenverkehrt

Nähen

1. Die Kanten des Halsausschnittes müssen nicht versäubert werden, alle anderen Kanten versäubern.
2. Jeweils die Schulternähte der Oberstoff-Oberteile sowie die der Futter-Oberteile rechts auf rechts schließen.
3. Oberstoff- und Futter-Oberteil rechts auf rechts ineinander legen und am Halsausschnitt sowie der hinteren Mitte zusammennähen. Die Teile links auf links wenden, die verstürzten Kanten bügeln und von rechts absteppen.
4. Oberstoff- und Futter-Oberteil an den unteren Kanten zusammenheften.
5. An den hinteren Kanten einen Klettverschluss anbringen, siehe Seite 43.
6. Den Klettverschluss schließen. Dadurch liegen die hinteren Kanten ca. ½ cm übereinander. Die sich überlappenden Kanten mit einer Stecknadel fixieren, damit die Teile beim Annähen des Rockteils nicht verrutschen.
7. Die oberen Kanten der Rockteile auf die Weite der unteren Kanten der Oberteile einkräuseln, siehe Seite 42.
8. Rockteile rechts auf rechts an die Oberteile nähen. Nahtzugaben in die Oberteile legen und flachsteppen.
9. Die Puffärmel vorbereiten und einnähen, siehe Seite 43.
10. Jeweils die Ärmelnaht und die Seitennaht durchgängig schließen.
11. Die untere Kante des Rocks ca. 7 mm breit säumen.
12. Satinrose/-schleife annähen.

Leggins siehe Seite 16
Jerseykleid mit tiefer Taille siehe Seite 22

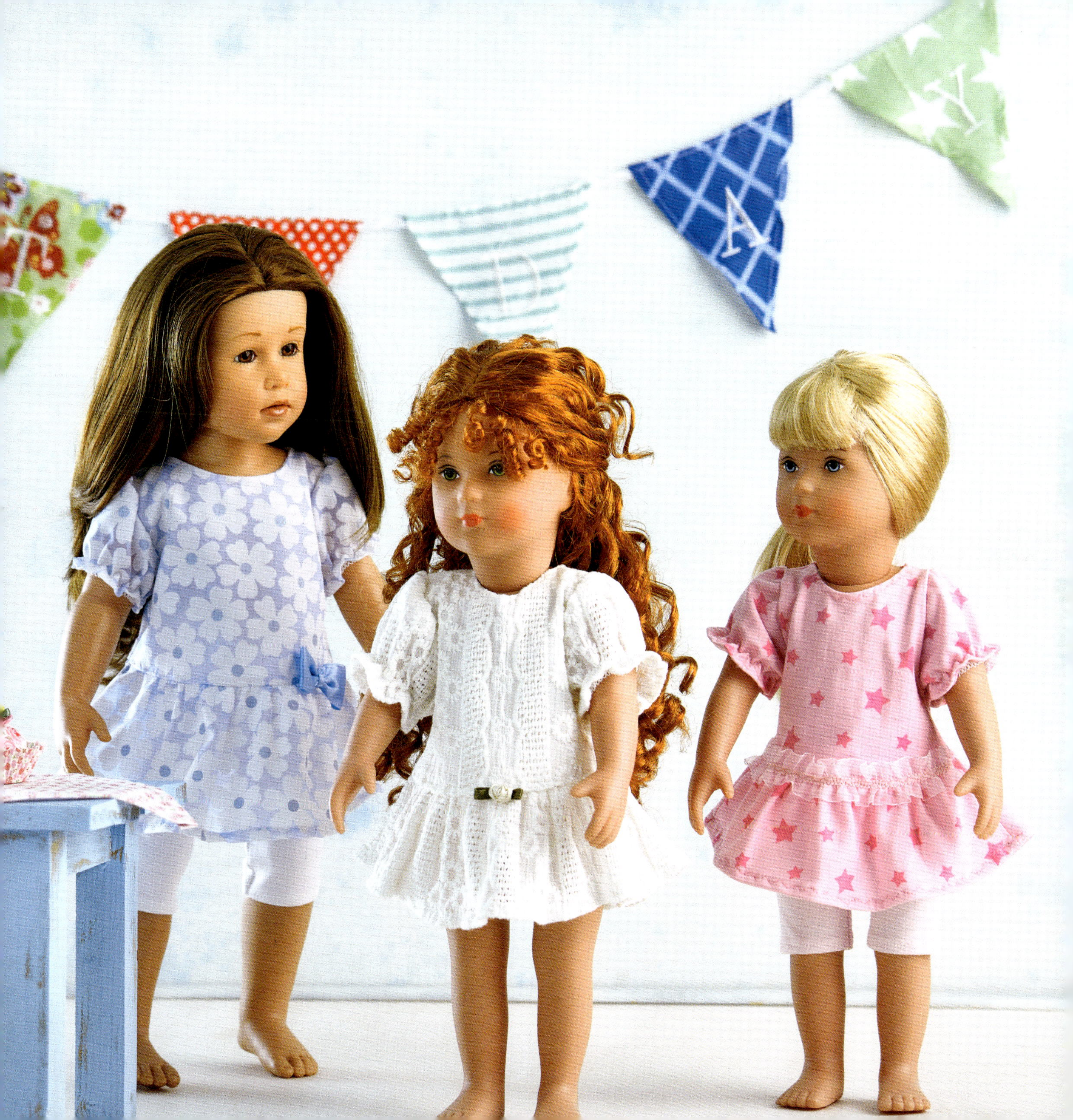
T
D
A
Y

Jetzt geht's raus

Jerseykleid mit tiefer Taille • Vorlagen 9a-d in Pink auf Bogen A | **Bolero** • Vorlagen 10a-c in Pink auf Bogen A

Material

Kleid

- Jersey, 110 x 30 cm
- Rüschenborte, 20 cm

Bolero

- Nicki/Minky-Fleece, 80 x 20 cm

Zuschneiden

Kleid

- vorderes Oberteil: 1x im Stoffbruch
- hinteres Oberteil: 1x und 1x seitenverkehrt
- Rockteil: 2x im Stoffbruch
- Ärmel: 2x

Bolero

- Rückteil: 1x im Stoffbruch
- Vorderteil: 1x und 1x seitenverkehrt
- Ärmel: 2x

Nähen

Kleid

1. Alle Kanten versäubern.
2. Die hinteren Oberteile rechts auf rechts auf das vordere Oberteil legen und die Schulternähte schließen.
3. Kante des Halsausschnittes 7 mm breit säumen, siehe Seite 44.
4. Weiter arbeiten wie ab Punkt 5 auf Seite 20 beschrieben.

Bolero

1. Alle Kanten versäubern.
2. Die Vorderteile rechts auf rechts auf das Rückteil legen und die Schulternähte schließen.
3. Untere Ärmelkanten 7 mm breit säumen, siehe Seite 44.
4. Die Ärmel in die Armausschnitte nähen.
5. Jeweils die Ärmelnaht und die Seitennaht durchgängig schließen.
6. Halsausschnittkante 7 mm breit säumen.
7. Vordere Kanten und untere Jackenkante ca. 1,5 cm breit säumen.

Leggins siehe Seite 16
Baumwollkleid mit tiefer Taille siehe Seite 20

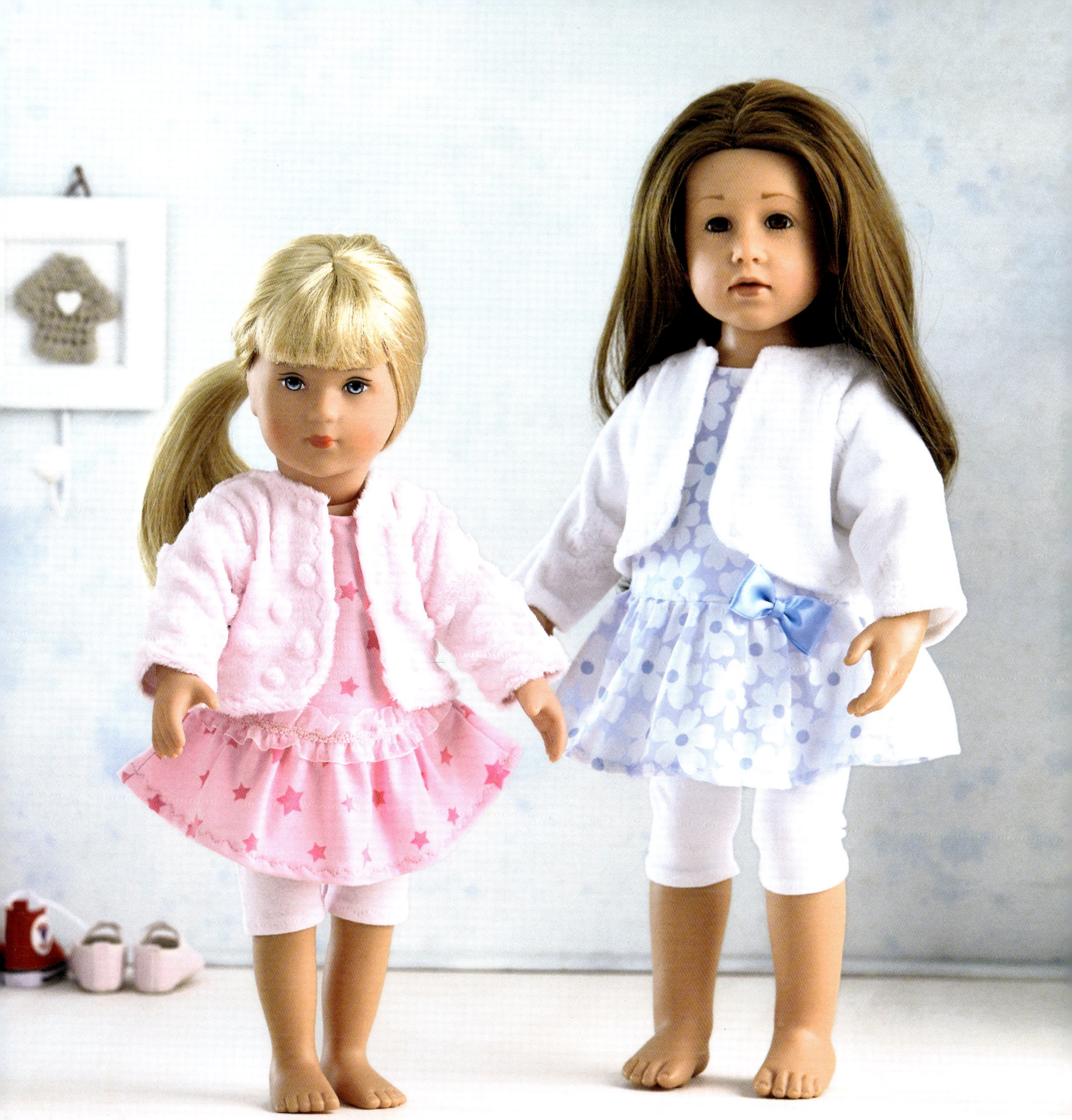

Sommerlich leicht

Trägerrock • Vorlagen 11a und b in Pink auf Bogen B

Material

- Babycord oder Baumwollstoff, 100 x 35 cm
- Futter (Baumwollstoff), 30 x 20 cm
- Elastische Organza- oder Satinrüsche, 33 cm

Zuschneiden

Babycord/Baumwollstoff:

- Latz: 2x
- Rockteil: 2x im Stoffbruch

Futter:

- Latz: 2x

Nähen

1. Die oberen Kanten und die Armausschnittkanten der Latzteile müssen nicht versäubert werden; alle anderen Kanten versäubern.
2. Für die Träger die Rüsche halbieren.

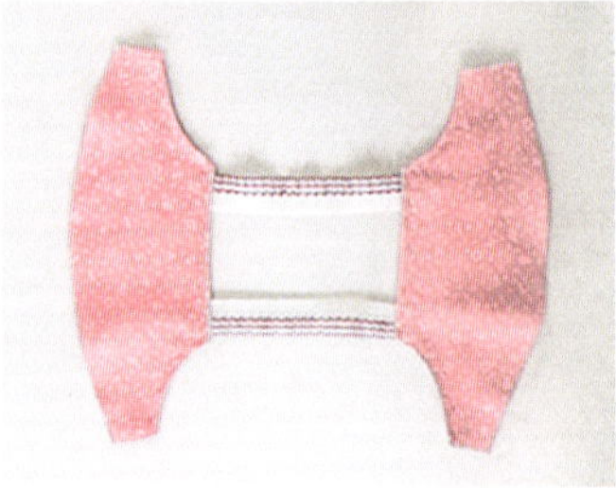

3. Ein Oberstoff-Latz und einen Futter-Latz rechts auf rechts legen, die Träger dazwischen legen, sodass die kurzen Bandkanten bündig mit der Latzoberkanten liegen. Nun die Latzteile an den Armausschnittkanten und den oberen Kanten zusammennähen. Latzteile links auf links wenden; die verstürzten Kanten knapp absteppen. Die verbliebenen Latzteile ebenso verstürzen und die noch freien Trägerenden einnähen.
4. Die oberen Kanten der Rockteile auf die Weite der unteren Kanten der Latzteile einkräuseln, siehe Seite 42.
5. Rockteile rechts auf rechts an die Latzteile nähen. Nahtzugaben in die Latzteile legen und flachsteppen.
6. Die Seitennähte schließen.
7. Untere Rockkante 1 cm breit säumen, siehe Seite 44.

Basic-Shirt siehe Seite 10

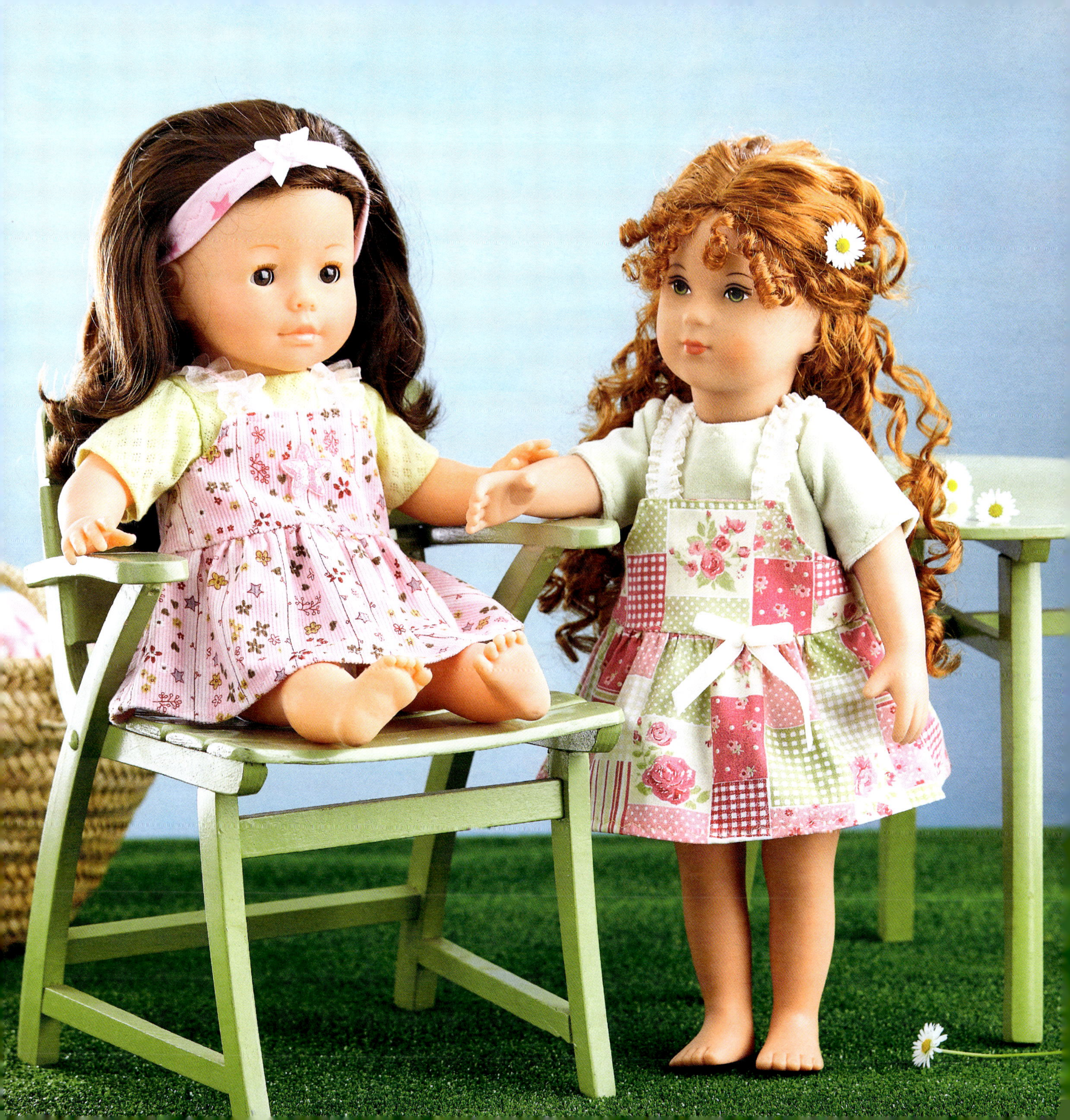

Für coole Jungs

Trägerhose • Vorlagen 12a-d in Pink auf Bogen B

Material

- Babycord oder Jersey, 70 x 45 cm
- Futter (nur bei Babycord nötig), 60 x 25 cm
- Applikation (gekauft oder eigene Anfertigung)

Zuschneiden

Babycord/Jersey:

- Vorderteil: 1x und 1x seitenverkehrt
- Rückteil: 1x und 1x seitenverkehrt

Futter (nur bei Babycord nötig):

- vorderer Besatz: 1x und 1x seitenverkehrt
- rückwärtiger Besatz: 1x und 1x seitenverkehrt

Nähen

Trägerhose aus Babycord

1. Arm- und Halskanten nicht versäubern; alle anderen Kanten versäubern.
2. Besatzteile an Vorder- und Rückteil nähen, siehe Seite 42.
3. Die Rück- bzw. Vorderteilhälften rechts auf rechts aufeinander legen und jeweils die Mittelnaht schließen. Die Nahtzugabe absteppen.
4. Falls gewünscht, auf dem Vorderteil eine Applikation platzieren und festnähen.
5. Die Hosenhälften rechts auf rechts aufeinander legen und die Seitennähte schließen.
6. Die unteren Hosenbeinkanten 7 mm breit säumen, siehe Seite 44.
7. Die innere Beinnaht schließen.
8. 2 Stücke Klettverschluss à 2 x 1-1,5 cm abschneiden. Jeweils die Flauschstücke am oberen Rand der Rückteilträger auf die Innenseite, die Hakenstücke am oberen Rand der Vorderteilträger auf die Außenseite nähen.

Trägerhose aus Jersey

1. Alle Kanten versäubern.
2. Die Kanten der Hals- und Armausschnitte ca. 7 mm breit säumen, siehe Seite 44.
3. Weiter nähen, wie bei der Trägerhose aus Babycord ab Punkt 3 beschrieben.

Mütze siehe Seite 40
Halstuch siehe Seite 34
Schildmütze siehe Seite 34

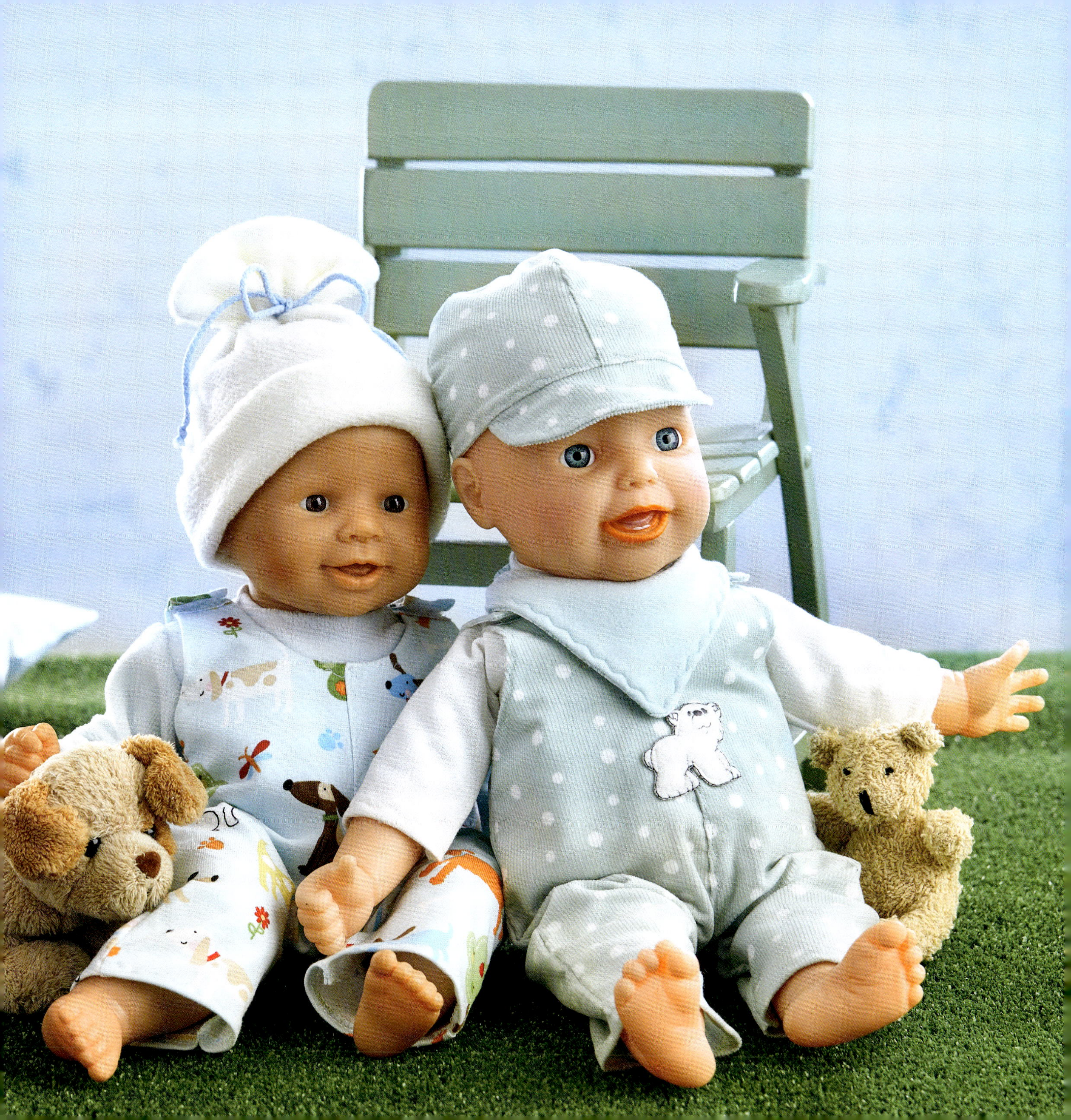

Sandkasten Outfit

Shirt mit Teilungsnähten • Vorlagen 3a, b, 13a, b (Gr. 43/48) 3d, e, 13 c, d (Gr. 32/36) Teile 3 in Schwarz auf Bogen A, Teile 13 in Pink auf Bogen B

Material

Shirt aus zwei Stoffen:

- Sweatshirtstoff, 90 x 30 cm
- Jersey, 15 x 25 cm

Shirt aus einem Stoff:

- Nicki, 110 x 30 cm

Für eine selbstgefertigte Applikation:

- Jerseystoff mit Motiv
- einseitig klebende Bügeleinlage

Zuschneiden

- seitliches Vorderteil: 1x und 1x seitenverkehrt
- mittleres Vorderteil: 1x
- Ärmel: 2x
- Rückteil: 1x und 1x seitenverkehrt

Nähen

1. Alle Kanten versäubern.
2. Die seitlichen Vorderteile an das mittlere Vorderteil nähen. Nahtzugaben in die seitlichen Vorderteile legen und flachsteppen.
3. Die Applikation vorbereiten, siehe Seite 42; Applikation auf das Vorderteil bügeln (! Bügeltuch auflegen). Mit Steppstichen knapp neben der Zickzacknaht festnähen.
4. Die Schulternähte schließen.
5. Die Halsausschnittkante 7 mm breit säumen, siehe Seite 44.
6. An den unteren Ärmelkanten je einen Gummizug einnähen, siehe Seite 43.
7. Die Ärmel in die Armausschnitte einsetzen.
8. Jeweils die Ärmelnaht und die Seitennaht durchgängig schließen.
9. An den Rückteilen die hintere Mitte schließen und einen Klettverschluss anbringen, siehe Seite 43.
10. Die untere Kante des Shirts ca. 1 cm breit säumen.

Hose mit Bein-Bündchen siehe Seite 30
Hose mit Paspel und Bein-Gummizug siehe Seite 30
Halstuch siehe Seite 34

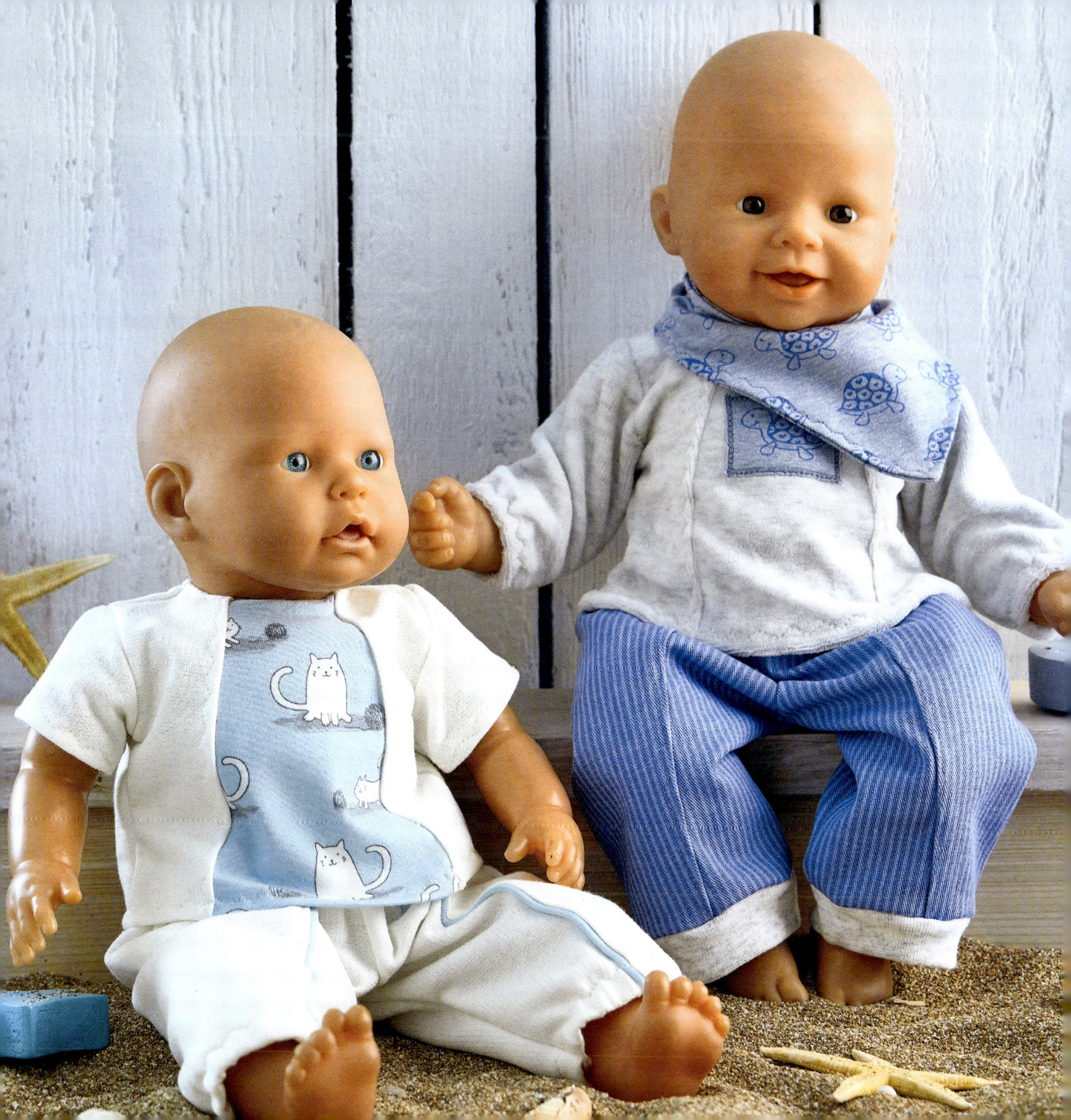

Buddeln macht Spaß

Hose mit Teilungsnähten • Vorlagen 14a-d Vorlage 14 in Grau auf Bogen A

Material

- Jersey oder Jeansstoff, 70 x 35 cm
- evtl. Bundware, 2 Streifen 5 x 18 cm
- evtl. Paspelband, ca. 65 cm

Zuschneiden

- Hosenbein: 1x und 1x seitenverkehrt, dann jeweils an der Teilungslinie durchschneiden.

! Für die Hose mit Bein-Bündchen die Hosenbeine 2 cm kürzen.

Shirt mit Teilungsnähten siehe Seite 28
Kapuzenshirt siehe Seite 32
Schildmütze siehe Seite 34

Nähen

Hose mit gewöhnlichem Beinsaum

1. Alle Kanten versäubern.
2. Teilungsnähte im Vorderteil schließen.
3. Die vordere und die hintere Mittelnaht schließen.
4. Die obere Hosenkante ca. 1,5 cm nach innen legen und einen Tunnel für das Gummiband arbeiten, eine ca. 2 cm große Öffnung lassen, durch die das Band eingezogen werden kann.
5. Gummiband einziehen, siehe Seite 43.
6. Die inneren Beinnähte schließen.
7. Die unteren Kanten der Hosenbeine ca. 1 cm breit säumen.

Hose mit Bein-Bündchen

1. Nähen bis einschließlich Punkt 6 wie oben beschrieben. Dann wie folgt:
2. Die Bündchenstreifen jeweils zum Ring schließen und links auf links zur Hälfte legen.
3. Die Bündchen rechts auf rechts in die Hosenbeine stecken und einnähen. Die Nähte der Hosenbeine und der Bündchen liegen dabei aufeinander.

Hose mit Bein-Gummizug (Abbildung siehe Seite 29)

1. Nähen bis einschließlich Punkt 4 wie oben beschrieben. Dann wie folgt:
2. An den unteren Beinkanten je einen Gummizug einnähen, siehe Seite 43.
3. Die inneren Beinnähte schließen.

Hose mit Paspelband und Bein-Gummizug (Abbildung siehe Seite 29)

1. Paspelband halbieren. Je ein Stück Paspel rechts auf rechts so auf das kleinere Hosenbeinteil stecken, dass die Kordel der Paspel zur vorderen Hosenbeinmitte zeigt.
2. Das größere Hosenteil rechts auf rechts darauf legen und die Naht schließen.
3. Die Naht von rechts mit einem wellenförmigen Zierstich flach nähen.
4. Weiter nähen, wie bei der Hose mit Bein-Gummizug beschrieben.

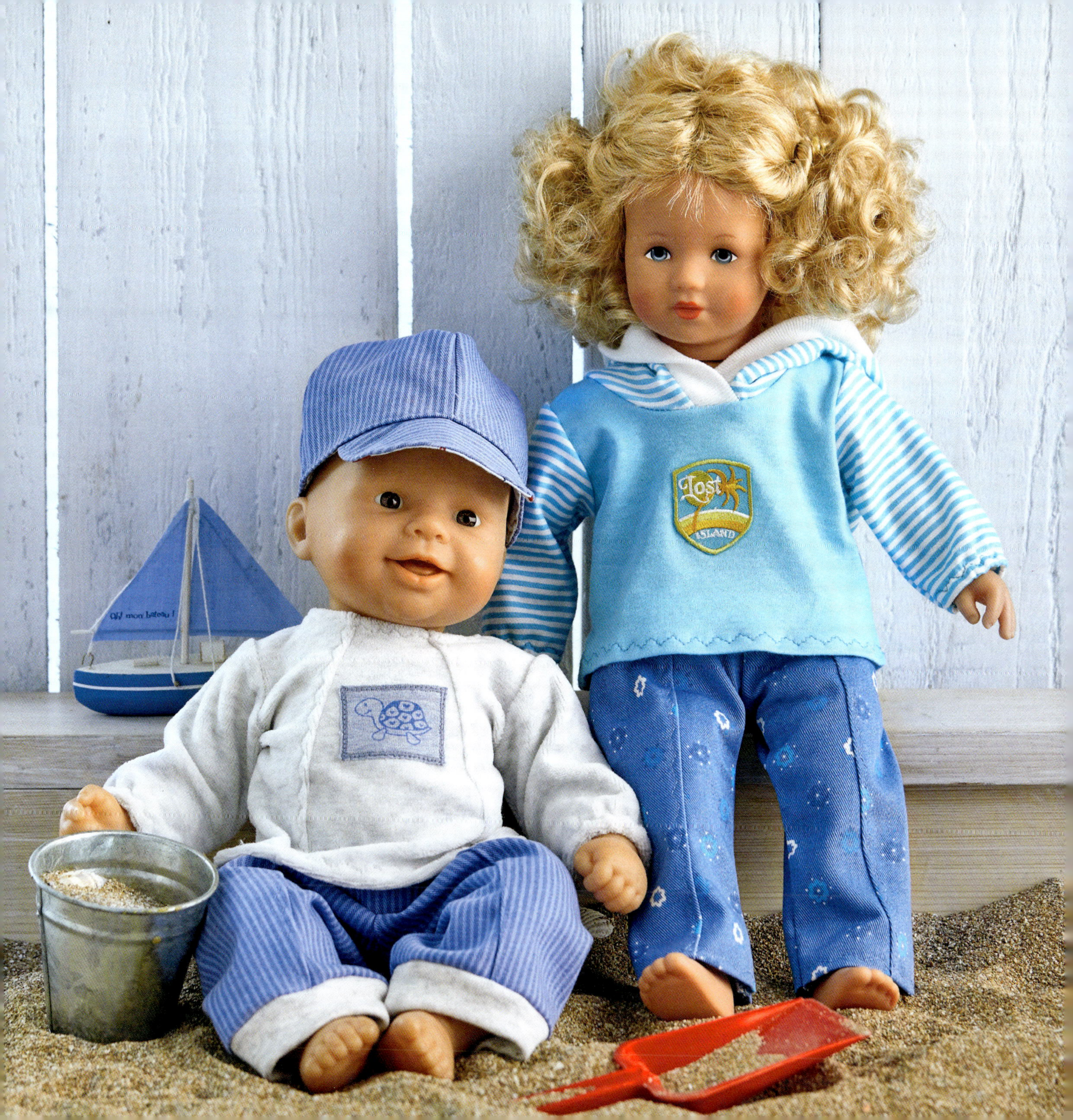
Oh! mon bateau !
Lost
ISLAND

Lässiges Oberteil

Kapuzenshirt • Vorlagen 15a-d in Grau auf Bogen A

Material

- Jersey für Vorder- und Rückteil, 60 x 25 cm
- Jersey für Ärmel und Kapuze, 90 x 30 cm
- Bundware, 1 Streifen 4 x ca. 45 cm
- Kordel, 3-4 mm Ø, 25 cm
- Applikation (optional)

Zuschneiden

- Vorderteil: 1x im Stoffbruch
- Rückteil: 1x im Stoffbruch
- Ärmel: 2x
- Kapuze: 1x und 1x seitenverkehrt

Hosen siehe Seite 30
Schildmütze siehe Seite 34

Nähen

1. Alle Kanten versäubern.
2. Kapuzenteile rechts auf rechts legen; die hintere Naht und die obere Naht schließen.
3. Bündchen längs in der Mitte falten, rechte Seite außen und rechts auf rechts leicht gedehnt an den Kapuzenrand nähen. Die Bündchen in der vorderen Mitte übereinander legen und mit ein paar Stichen zusammennähen – die untere Kante der Kapuze ist nun rund geschlossen.
4. Optional die Applikation auf das Vorderteil nähen.
5. Vorder- und Rückteil rechts auf rechts legen und die Schulternähte schließen.
6. Am Shirt die vordere und die hintere Mitte des Halsausschnitts jeweils mit einer Stecknadel markieren.
7. Die Kapuze rechts auf rechts an den Halsausschnitt stecken – dabei trifft die hintere Kapuzennaht auf die hintere Mitte des Shirts und die vordere Mitte der Bündchen auf die vordere Mitte des Shirts – und annähen.
8. Die unteren Ärmelkanten 7 mm breit säumen, siehe Seite 44.
9. Ärmel in die Armausschnittöffnungen nähen.
10. Jeweils die Ärmelnaht und die Seitennaht durchgängig schließen.
11. Die untere Kante des Shirts ca. 1,5 cm breit säumen.
12. Kapuzenspitze mit der Kordel abbinden.

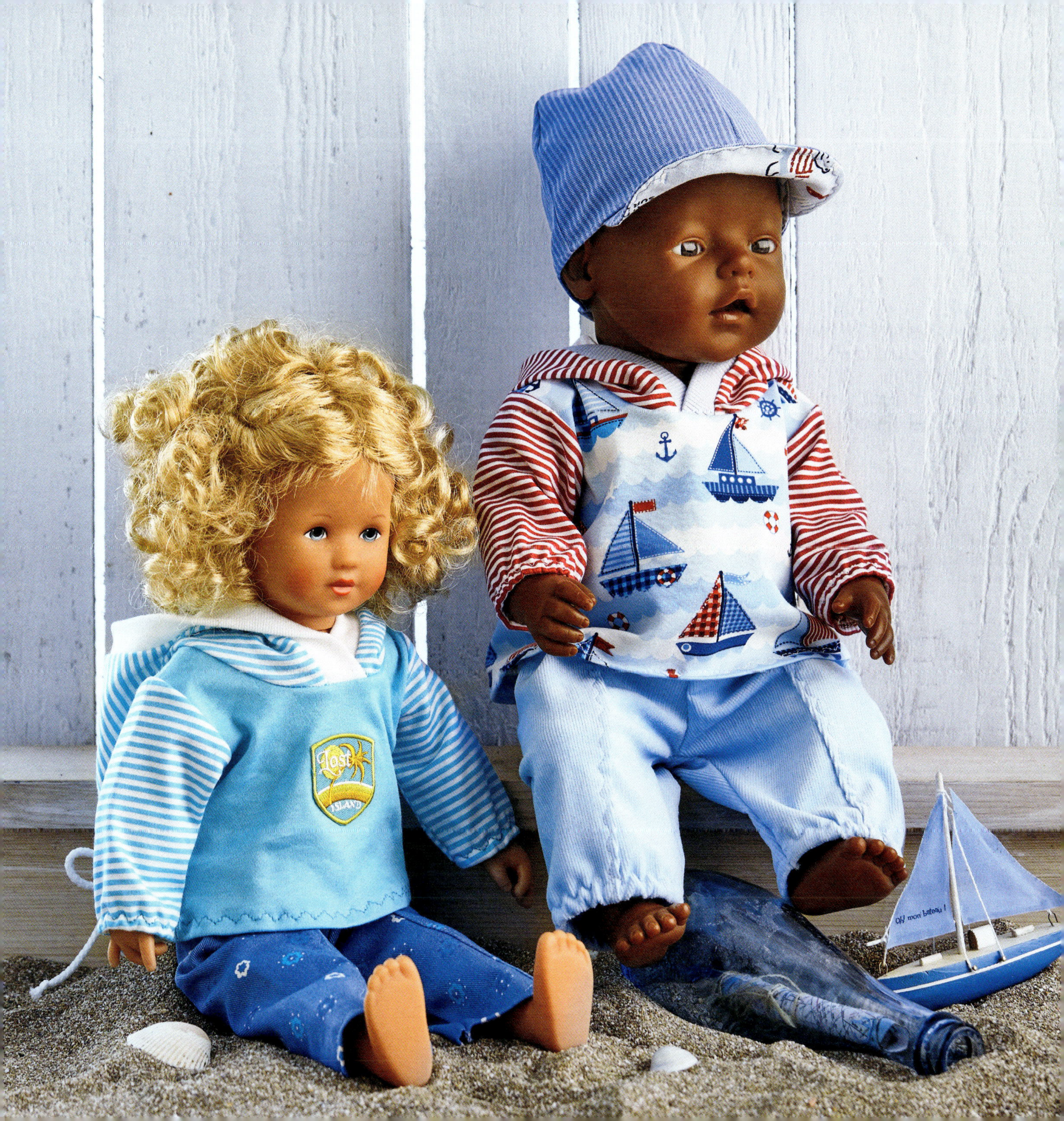
Lost
ISLAND
Oh! mon bateau !

Wenn's kühl wird

Schildmütze • Vorlagen 16a und b in Grau auf Bogen A | **Halstuch** • Vorlage 17 in Grau auf Bogen A

Material

Schildmütze

- Feincord oder Baumwolle (= Oberstoff), 60 x 15 cm
- Futter, 60 x 15 cm

Halstuch

- Jersey oder Nicki, 70 x 25 cm

Zuschneiden

Schildmütze

- Kopfteil: je 4x aus Oberstoff und Futter
- Schild: je 1x aus Oberstoff und Futter

Halstuch

- Halstuch: 2x

Trägerhose siehe Seite 26
Basic-Shirt siehe Seite 10
Hose mit Teilungsnähten siehe Seite 30
Shirt mit Teilungsnähten siehe Seite 28

Nähen

Schildmütze

1. Kein Versäubern notwendig.
2. 2x je zwei Oberstoff-Kopfteile rechts auf rechts legen und an einer Seite von der Spitze bis zur unteren Kante zusammennähen. Die entstandenen Hälften wieder rechts auf rechts legen und die Mittelnaht schließen.
3. Futterteile wie die Oberstoffteile zusammennähen.
4. In der hinteren Mitte der Oberstoff-Mütze auf der Innenseite im Abstand von ca. 1 cm parallel zur unteren Kante ca. 8 cm schmales Gummiband gedehnt feststeppen.
5. Die Teile für das Mützenschild rechts auf rechts legen und die vorderen Kanten zusammennähen. Schild links auf links wenden und bügeln. Die vordere Kante von rechts absteppen. An der hinteren Schildkante die Mitte markieren.
6. Das Schild an die untere Kante der Oberstoff-Mütze stecken – dabei trifft die markierte Schildmitte auf eine Mützennaht – und festnähen.
7. Oberstoff- und Futtermütze rechts auf rechts ineinander legen (Schild liegt innen zwischen Ober- und Futterstoff). Mützenteile an den unteren Kanten zusammennähen, dabei zum Wenden ca. 3 cm offen lassen.
8. Mütze durch die Öffnung wenden. Futter in den Oberstoff stülpen.
9. Untere Mützenkante bügeln und von rechts absteppen, dabei auch die Wendeöffnung schließen.

Halstuch

1. Die beiden Teile rechts auf rechts aufeinander legen und rundum zusammennähen; dabei im Bereich des Halsausschnitts eine Öffnung zum Wenden lassen.
2. Halstuch auf rechts wenden, die Ecken vorsichtig ausformen und das Tuch bügeln.
3. Kanten rundum absteppen, dabei die Wendeöffnung schließen.
4. An den seitlichen Spitzen einen Klettverschluss annähen (das Flauschteil innen an der rechten Spitze, das Hakenteil außen an der linken Spitze).

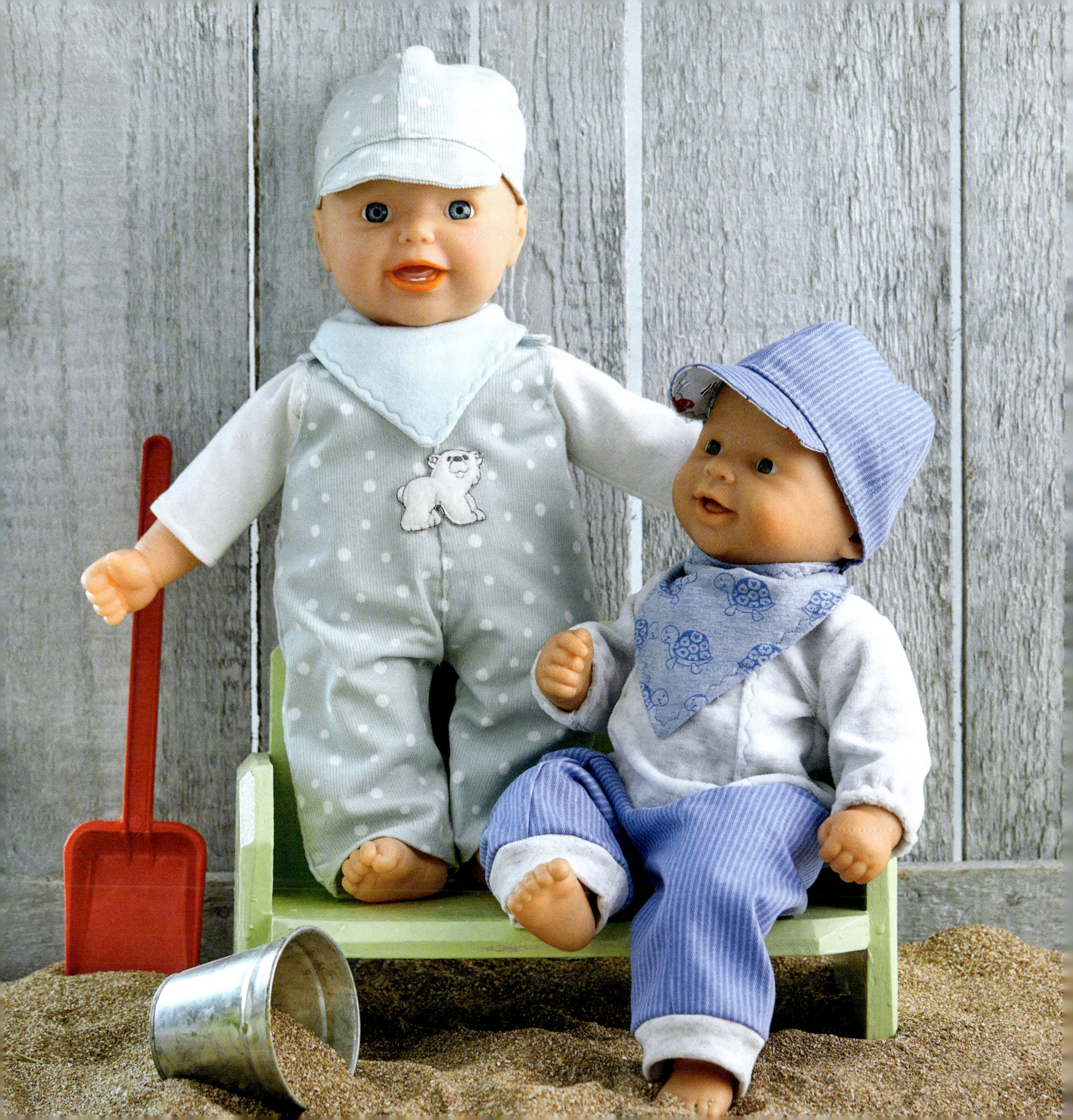

Juhu – es hat geschneit!

Kragenjacke • Vorlagen 18a-e in Grau auf Bogen B

Material

- Fleece oder Steppstoff, 110 x 35 cm
- 1 Knopf in Blütenform
- Kordel, 2-3 mm Ø, 4 cm

Zuschneiden

- Vorderteil: 1x und 1x seitenverkehrt
- Rückteil: 1x im Stoffbruch
- Ärmel: 2x
- Kragen: 1x im Stoffbruch

Nähen

1. Das Versäubern der Kanten ist nicht unbedingt erforderlich.
2. Schulternähte schließen. Die Mitte des hinteren Halsausschnitts markieren.
3. Den Kragen längs zur Hälfte falten, die rechte Stoffseite liegt innen. Die schmalen Kanten (= vorderen Kanten) zusammennähen. Kragen wenden. Die vorderen Kanten und die Bruchkante absteppen. An den offenen Längskanten die hintere Kragenmitte markieren.
4. Den Kragen von der hinteren Mitte aus rechts auf rechts an die Halsausschnittkante stecken, die Markierungen liegen aufeinander. Den Kragen annähen. Nahtzugabe in die Jacke legen und absteppen.
5. An den unteren Ärmelkanten je einen Gummizug einnähen, siehe Seite 43.
6. Die Ärmel in die Armausschnitte nähen.
7. Jeweils die Ärmelnaht und die Seitennaht durchgängig schließen.
8. Die untere Kante der Jacke ca. 1,5 cm breit säumen, siehe Seite 44.
9. Die vorderen Kanten ca. 1,5 cm breit säumen.
10. An den oberen Ecken der vorderen Jackenkanten auf einer Seite den Knopf und gegenüber die zur Schlaufe gelegte Kordel annähen (alternativ einen Klettverschluss).

Trägerhose siehe Seite 26
Einteiler siehe Seite 12
Schlafsäckchen siehe Seite 8
Basic-Shirt siehe Seite 10
Mützen siehe Seite 40

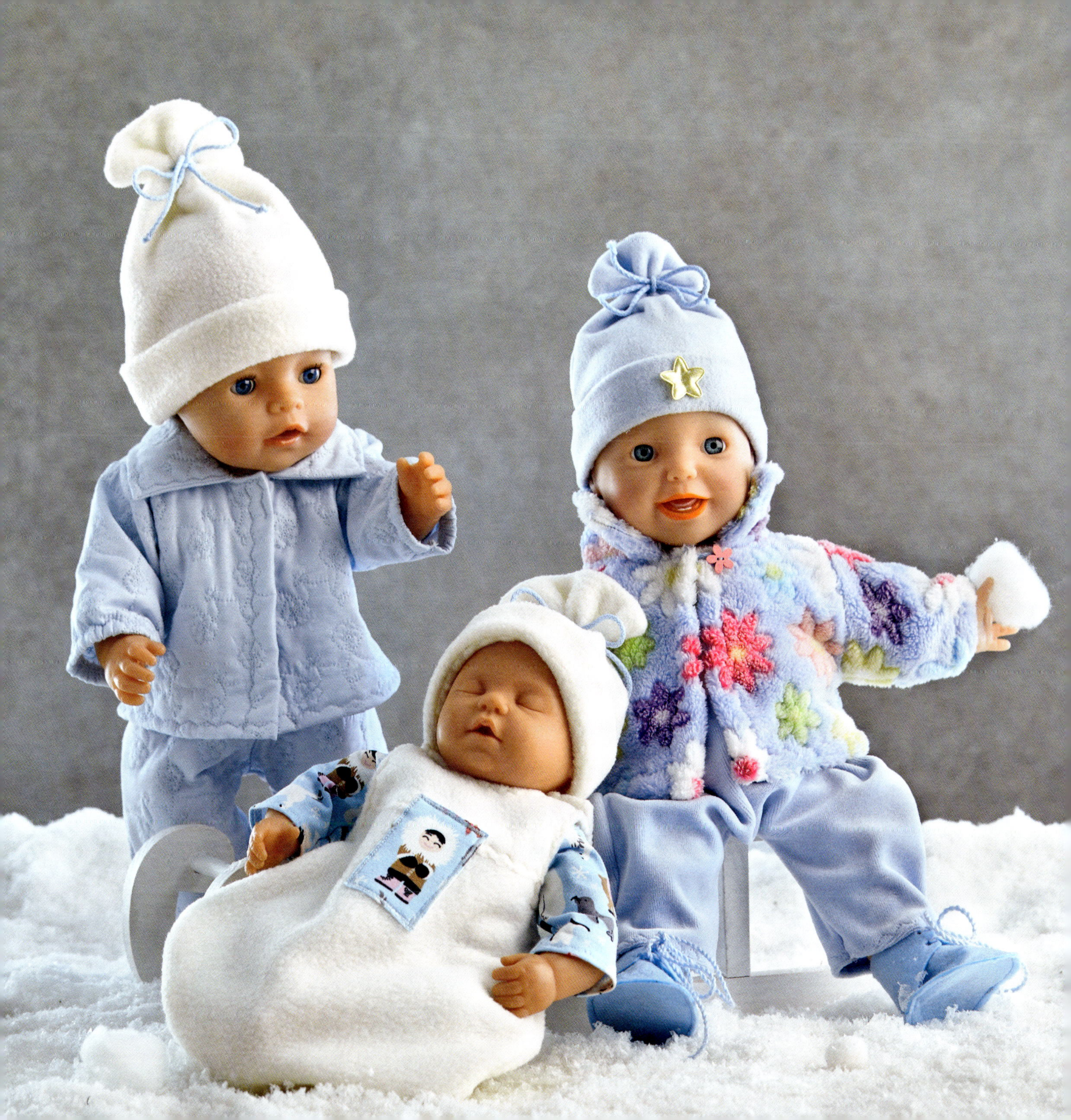

Kuschelig eingehüllt

Schneesäckchen • Vorlagen 19a-e in Grau auf Bogen B

Material

- Fleece, 140 x 55 cm
- Teddyplüsch, 4 x 45 cm
- Stern-Applikation(en)
- Kordel, 2-3 mm Ø, 4 cm

Zuschneiden

- oberes Vorderteil: 1x und 1x seitenverkehrt
- unteres Vorderteil: 1x im Stoffbruch
- Rückteil: 1x im Stoffbruch
- Ärmel: 2x
- Kapuze: 1x und 1x seitenverkehrt

Nähen

1. Das Versäubern der Kanten ist nicht unbedingt erforderlich.
2. Kapuzenteile rechts auf rechts legen; die hintere Naht und die obere Naht schließen.
3. Den Teddyplüsch längs zur Hälfte falten, linke Stoffseite innen. Den Streifen rechts auf rechts an die vordere Kapuzenkante nähen.
4. Die Schulternähte schließen.
5. Die hintere Mitte des Halsausschnitts markieren und die Kapuze in den Halsausschnitt stecken. Die hintere Naht der Kapuze trifft auf die Markierung. Kapuze annähen; Nahtzugabe in das Oberteil legen und feststeppen, damit sie schön flach ist.
6. Die vorderen Kanten der oberen Vorderteile jeweils ca. 1 cm breit säumen und einen Klettverschluss anbringen, siehe Seite 43.
7. Klettverschluss schließen. Dadurch liegen die vorderen Kanten ca. 1 cm übereinander. Die sich überlappenden Kanten mit einer Stecknadel fixieren, damit die Teile beim Annähen des unteren Vorderteils nicht verrutschen.
8. Das untere Vorderteil rechts auf rechts an das obere Vorderteil nähen.
9. An den unteren Ärmelkanten je einen Gummizug einnähen, siehe Seite 43.
10. Ärmel in die Armausschnitte nähen.
11. Die Ärmelnähte sowie die Seiten- und Beutelkanten ringsum durchgängig zusammennähen.
12. Kapuzenspitze mit der Kordel abbinden.
13. Applikation(en) auf den Übertritt der vorderen Kante nähen.

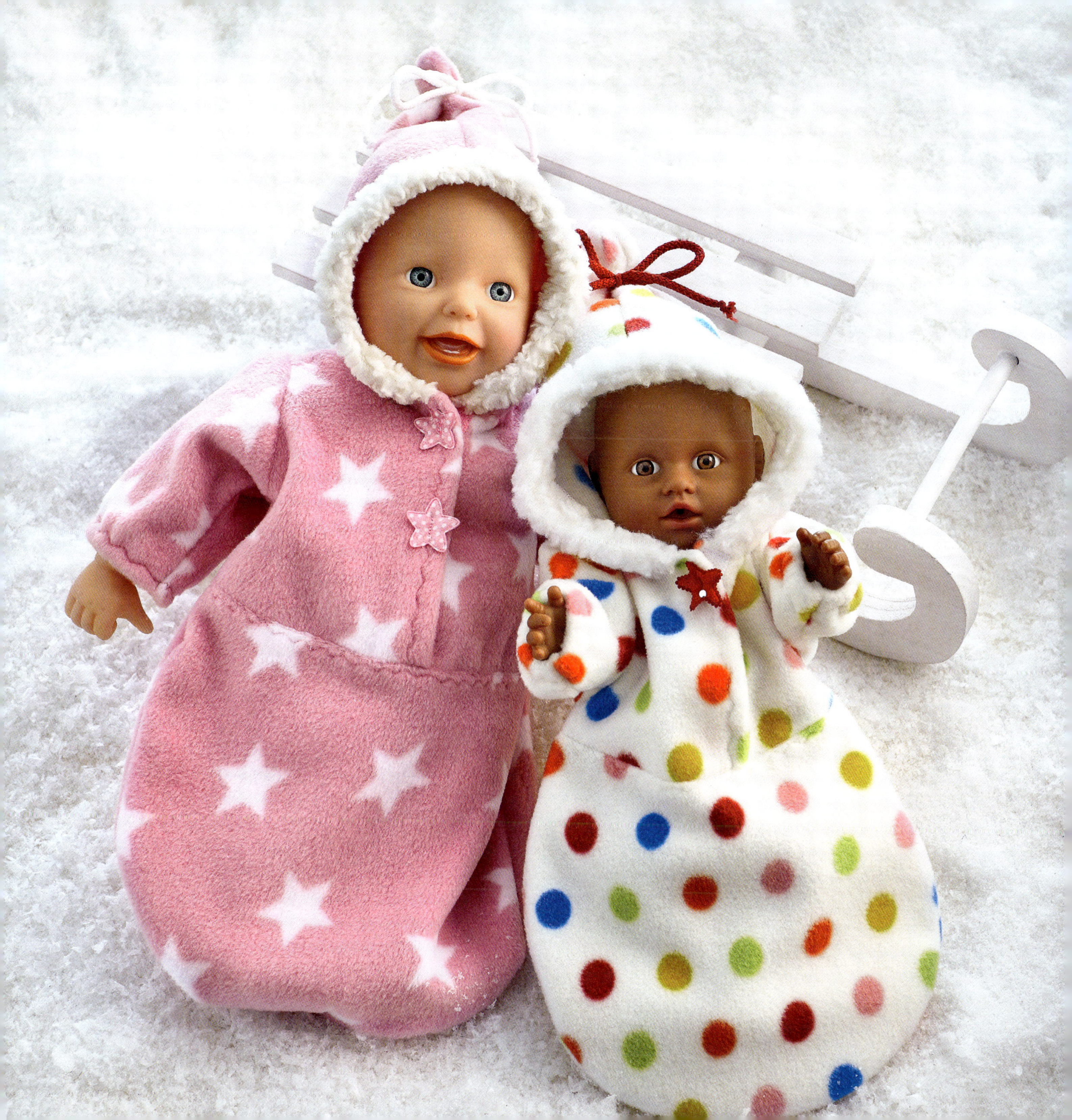

Schön & warm

Mütze • Vorlagen 20 a und b in Grau auf Bogen A

Material

- Fleece, 80 x 25 cm
- Kordel, 3-4 mm Ø, ca. 25 cm
- Stern/Blüten-Applikation (optional)

Zuschneiden

- Kopfteil: 2x
- Randblende: 1x im Stoffbruch

Trägerhose siehe Seite 26
Basic-Shirt siehe Seite 10
Einteiler siehe Seite 12
Kragenjacke siehe Seite 36

Nähen

1. Das Versäubern der Kanten ist nicht unbedingt erforderlich.
2. Kopfteile rechts auf rechts legen; Seitennähte und die obere Naht schließen. Die Mütze wenden.
3. Randblende an der hinteren Mitte rechts auf rechts zum Ring schließen. Ring an den Längskanten zur Hälfte falten, so dass die linke Stoffseite innen liegt.
4. Den Ring rechts auf links an die untere Kante der Mütze nähen. Die Nahtzugaben in die Mütze legen und übersteppen.
5. Randblende so weit auf das Kopfteil umschlagen, dass die Ansatznaht noch verdeckt ist.
6. In der hinteren Mitte die Randblende mit ein paar Handstichen fixieren, in der vorderen Mitte die Applikation aufnähen.
7. Mützenspitze etwas raffen, mit der Kordel abbinden und den Zipfel fächerförmig auseinander ziehen.

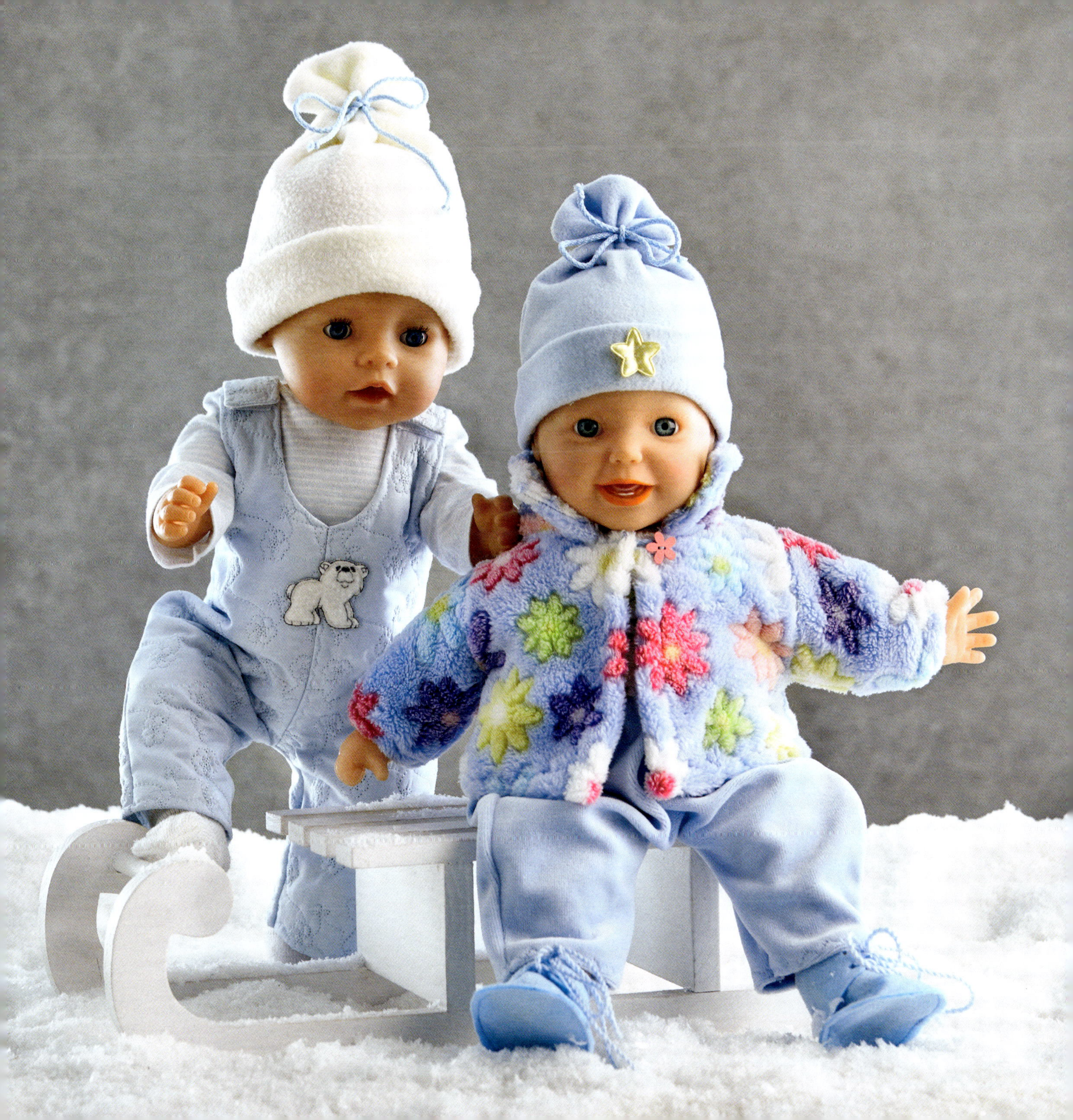

Häufig verwendete Techniken

Applikation herstellen

Eine Applikation ist ein schöner Blickfang und gibt dem Modell einen individuellen Charakter. Fertig gekauft ist sie relativ teuer, und es ist oft schwierig, ein passendes Motiv zu finden. Deshalb bietet es sich an, sie selbst anzufertigen. Sie ist dann zwar nicht ganz so stabil wie industriell gefertigte, da die Kanten im Laufe der Zeit etwas ausfransen können, aber es lohnt sich trotzdem sie selbst herzustellen. Das gewünschte Motiv mit großzügiger Zugabe aus dem Stoff ausschneiden. Einseitig klebende Bügeleinlage auf die Rückseite des Stoffstücks bügeln. Auf der rechten Stoffseite mit einem selbstlöschenden Stift oder feinem Bleistift die Kontur der fertigen Applikation anzeichnen. Ein weiteres Stück Bügeleinlage, mit der klebenden Seite nach unten zeigend, unter die Lagen legen und feststecken. Sie wird mit eingenäht, dadurch erhält die fertige Applikation eine klebende Rückseite. Nun die Konturlinie von rechts zuerst mit Geradstichen heften, dann diese Naht mit kleinen, dichten Zickzackstichen übernähen. Das Motiv sehr knapp neben der Zickzacknaht ausschneiden. Die Applikation an der gewünschten Stelle aufbügeln und zusätzlich knappkantig mit Geradstichen feststeppen.

Kräuseln

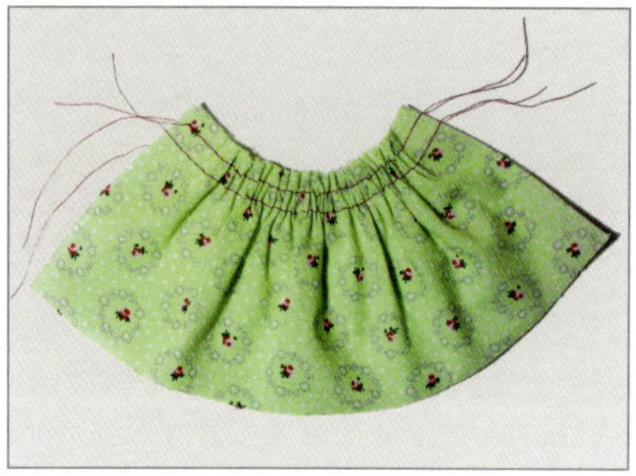

An der Schnittkante des einzukräuselnden Teils zwei parallele Steppnähte nähen. Dabei liegt eine Naht knapp oberhalb der eigentlichen Nahtlinie des Teils, die zweite Naht knapp darunter. Mit lockerer Fadenspannung, mit einer kleinen Stichlänge (2-4) auf der rechten Stoffseite nähen. Je kleiner die Stichlänge, desto feiner werden die Falten.
An beiden Enden die Nähfäden lang überstehen lassen, um die Unterfäden gut greifen zu können. Sie werden nun von beiden Seiten so weit angezogen, bis die gewünschte Kantenlänge erreicht ist. Ober- und Unterfaden jeweils verknoten. Die Falten gleichmäßig verteilen. Das gekräuselte Teil rechts auf rechts an das entsprechende Gegenstück nähen. Den sichtbaren Kräuselfaden entfernen.

Kante mit einem Besatz verstürzen

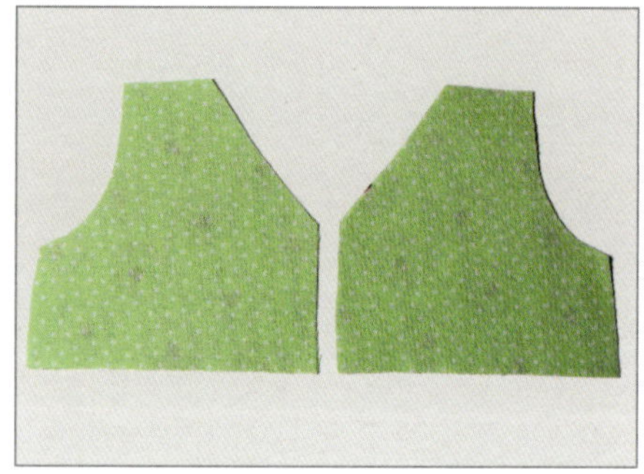

Den in der Schnittvorlage eingezeichneten Besatz gesondert abpausen und ausschneiden. Besatz aus Oberstoff oder aus Futterstoff, farblich passend zum Oberstoff, zuschneiden.

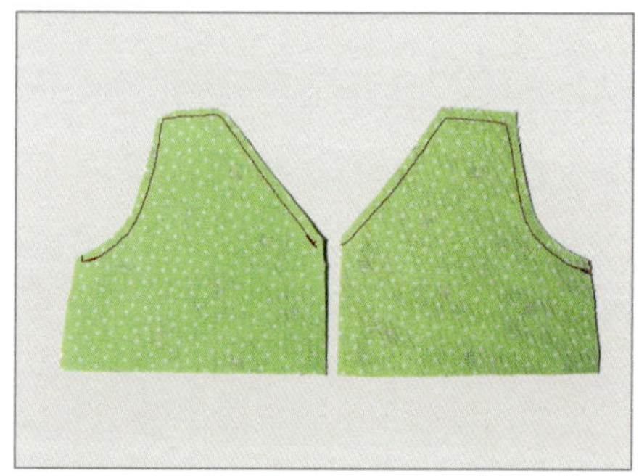

Den Besatz rechts auf rechts auf den Oberstoff legen. Teile an den gewünschten Kanten mit kleinen Geradstichen zusammennähen. Die Nahtzugaben auf 4-5 mm zurückschneiden; an Rundungen eventuell mehrmals quer einschneiden, Ecken schräg bis knapp vor die Naht kappen.

Das Teil links auf links wenden und die Ecken sauber ausformen, dabei eine Schneiderahle oder eine dicke Stopfnadel zu Hilfe nehmen. Die verstürzten Kanten flach bügeln und ggf. absteppen.

Puffärmel

Ärmel zuschneiden und die Schnittkanten versäubern. An der Armkugel zwei Kräuselfäden einnähen (siehe Kräuseln). Den Ärmel rechts auf rechts an den Armausschnitt legen; am Anfang und Ende sowie an der Schulter feststecken. Die Armkugel wird nun durch Anziehen der Kräuselfäden (am Unterfaden ziehen) auf die Weite des Armausschnitts eingehalten. Die Weite sollen hauptsächlich oben auf der Schulter liegen; die Falten dort gleichmäßig verteilen. Ärmel in die Armöffnung einnähen.

Für die Ärmelrüsche die versäuberte untere Ärmelkante 7 mm breit nach links säumen. Den Umfang des Unterarms der Puppe messen und ein Stück Gummiband in dieser Länge abschneiden. Gummiband auf der linken Stoffseite, knapp neben der Saumkante auf den Ärmel legen. Anfang und Ende, sowie die Gummibandmitte in der Stoffmitte feststecken. Gummiband mit großen Zickzackstichen festnähen, dabei während des Nähens das Gummiband auf die Stoffweite dehnen.

Gummizug an der unteren Ärmel-/Beinkante

Den Umfang des Hand-/Beingelenks der Puppe messen und ca. 1 cm hinzugeben. Ein Stück Gummiband in dieser Länge abschneiden. Gummiband auf der linken Stoffseite an der versäuberten Schnittkante auflegen. Anfang und Ende, sowie die Gummibandmitte in der Stoffmitte feststecken. Gummiband mit großen Zickzackstichen festnähen, dabei während des Nähens das Gummiband auf die Stoffweite dehnen. Untere Kante in Gummibandbreite nach links säumen.

Ärmel einnähen

Ärmel zuschneiden und die Schnittkanten versäubern. Ärmel rechts auf rechts an den Armausschnitt des Oberteils legen. Die im Schnittmuster gekennzeichnete Mitte der Armkugel mit einer Stecknadel an der Schulternaht feststecken, dann die Ärmelkante jeweils von der Mitte zu den Seiten feststecken. Damit der Ärmel gut sitzt, ist die Armkugel etwas größer als der Armausschnitt. Deshalb muss die Ärmelkante beim Einnähen des Ärmels leicht eingehalten werden, sodass die Stoffe glatt und ohne Falten aufeinander liegen.

Klettverschluss im Rückteil anbringen

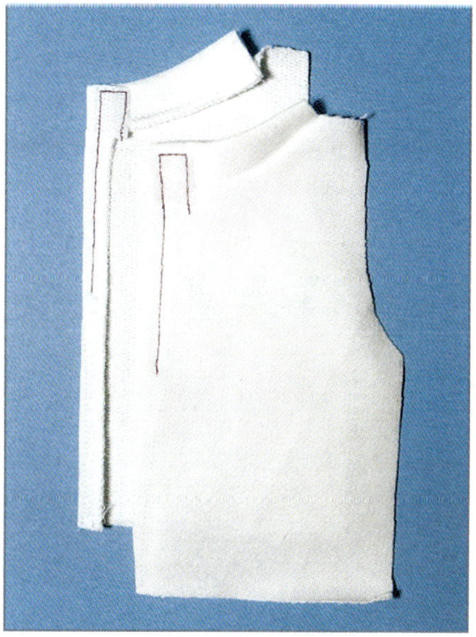

Für den Untertritt an einem Rückteil die versäuberte Kante der hinteren Mitte 1 cm breit nach links umbügeln und vom Halsausschnitt abwärts ein Stück weit säumen. Bei einem Shirt in Größe 48 bis ca. 7 cm vor die untere Kante nähen, bei einem kleineren Shirt entsprechend kürzer. Das Hakenband des Klettverschlusses an der oberen Ecke auf die rechte Stoffseite nähen. Beim anderen Rückteil für den Obertritt ebenso verfahren, hier jedoch das Flauschband auf die linke Stoffseite nähen.

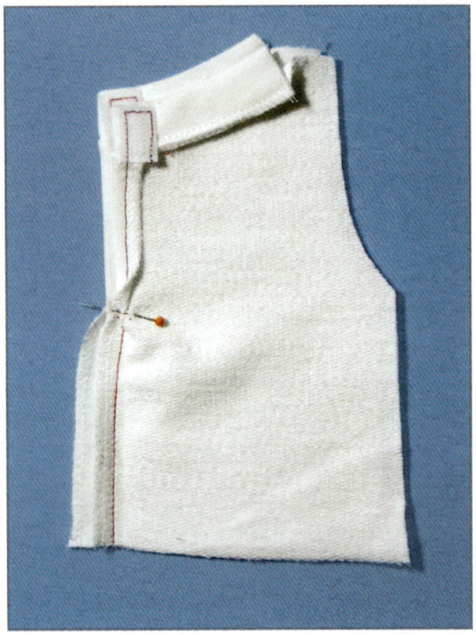

Rückteile rechts auf rechts legen und das offene Stück der hinteren Kanten von unten nach oben – soweit wie möglich – bis zu den Säumen schließen. Nahtzugaben auseinander bügeln. Klettverschluss schließen.

Säumen

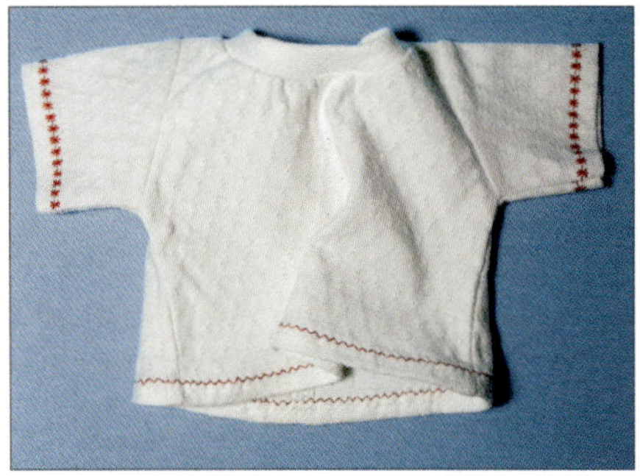

Unter Säumen versteht man das Festnähen einer nach innen umgeschlagenen Stoffkante. Dafür die versäuberte Schnittkante in der gewünschten Breite nach links umlegen/-bügeln, feststecken und den Umschlag von der rechten Seite aus feststeppen. Für die Saumnaht eignen sich bei festen Stoffen Geradstiche, bei dehnbaren Stoffen einfache oder mehrfach unterteilte Zickzackstiche. Eine Zickzacknaht ist dekorativ und zudem stabiler als eine Naht aus Geradstichen.
Als zusätzlicher Blickfang können die Nähte farblich abgesetzt werden.
Viele Nähmaschinen verfügen außerdem über automatische Ziersticke, die für eine dekorative Saumnaht sehr schön eingesetzt werden können.

Gummiband einziehen

Um ein Gummiband in einen Tunnel einzuziehen, an beiden Bandenden eine Sicherheitsnadel befestigen. Eine Sicherheitsnadel dient dem Einschieben des Bandes in den Stofftunnel, die andere verhindert, dass das Bandende im Stoff verschwindet. Wenn das Band vollständig durchgezogen ist, die Enden des Gummibandes zusammennähen.
Die Einzugsöffnung im Stofftunnel schließen.

Puppenmaße

Puppenmaße					
Puppengröße	Bauchumfang	Kopfumfang	Armlänge*	Beinlänge**	Hosenlänge***
Babypuppen					
32 cm	26 cm	25 cm	10 cm	12 cm	18 cm
36 cm	27 cm	28 cm	12 cm	14 cm	20 cm
38 cm	29 cm	31 cm	14 cm	16 cm	22 cm
43 cm	30 cm	33 cm	16 cm	20 cm	23 cm
48 cm	39 cm	35 cm	17 cm	22 cm	24 cm
Stehpuppen (z. B. von Käthe Kruse)					
40 cm	23 cm	30 cm	12 cm	13 cm	19 cm
47 cm	24 cm	33 cm	14 cm	16 cm	24 cm

* Armlänge: gemessen von Schultergelenk bis Handgelenk

** Beinlänge: gemessen an der Beininnenseite von Schritt bis Fußgelenk

*** Hosenlänge: gemessen an der fertigen Hose von Bund bis Beinsaum

Hinweis: Die Größen, die die Hersteller zu ihren Puppen angeben, bezeichnen in der Regel die Größe der Puppen von Kopf bis Fuß, eine 36er-Puppe ist also 36 cm groß.

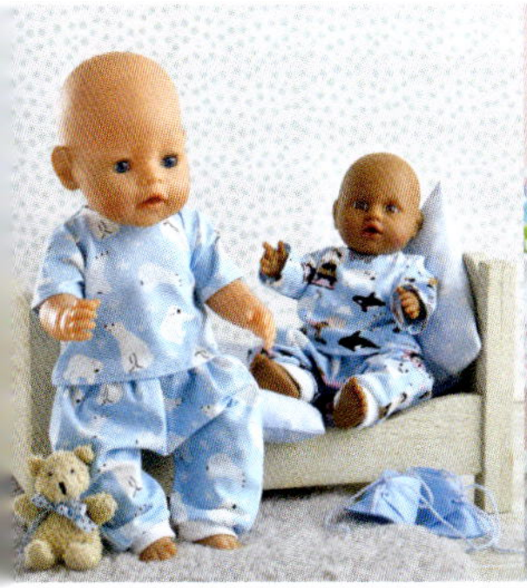
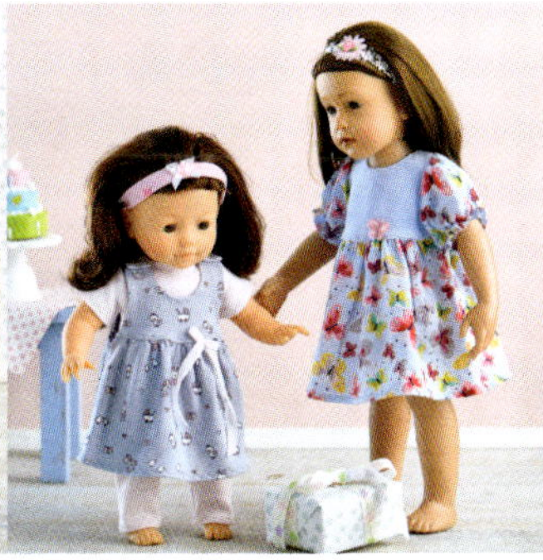
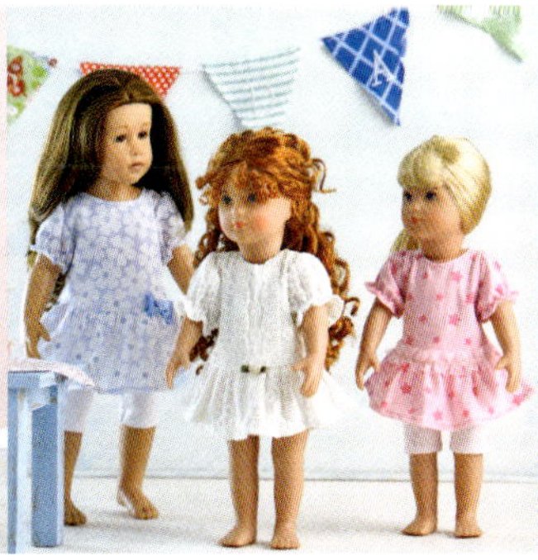
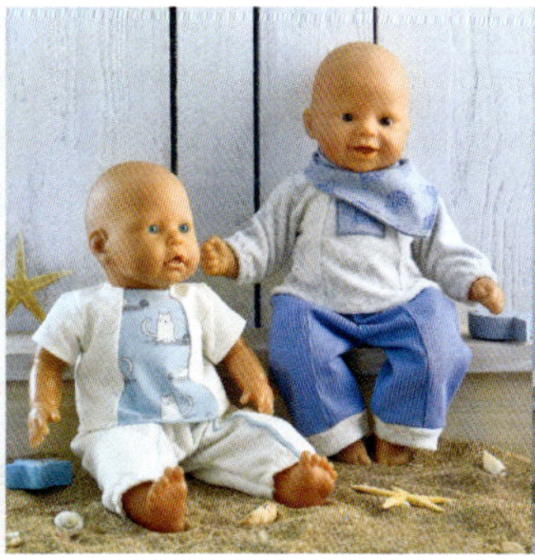
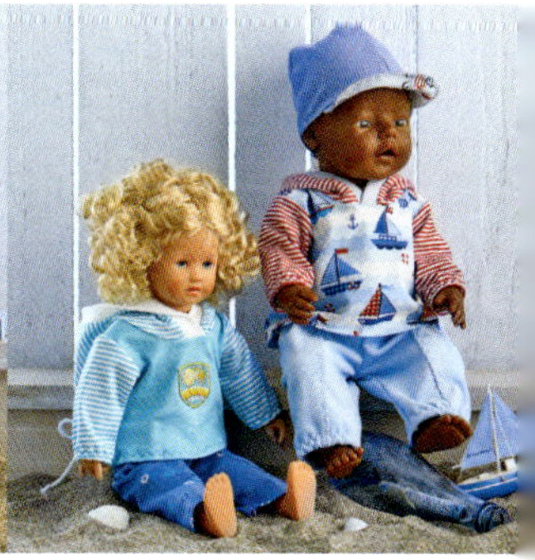

Impressum

Entwurf und Realisation: Silvia Braun
Redaktion: Christina Bleser
Lektorat: A. Reuß
Fotos und Styling: Roland Krieg und Elke Reith
Umschlaggestaltung: GrafikwerkFreiburg
Satz: www.heydesign.de
Repro: RTK & SRS mediagroup GmbH
Printed by Slovenia by Florjancic

★★★★★

Sind Sie mit diesem Titel zufrieden? Dann würden wir uns über Ihre Weiterempfehlung freuen. Erzählen Sie es im Freundeskreis, berichten Sie Ihrem Buchhändler oder bewerten Sie beim Onlinekauf. Und wenn Sie Kritik, Korrekturen, Aktualisierungen haben, freuen wir uns über Ihre Nachricht an: Christian Verlag, Postfach 40 02 09, D-80702 München oder per E-Mail an lektorat@verlagshaus.de.

Unser komplettes Programm finden Sie unter

www.christophorus-verlag.de

In diesem Buch wird aus Gründen der besseren Lesbarkeit das generische Maskulinum verwendet. Weibliche und anderweitige Geschlechteridentitäten werden dabei ausdrücklich mitgemeint, soweit es für die Aussage erforderlich ist.

Herstellerverzeichnis:

- Stoffe Brünink & Hemmers GmbH
- ATM Handel & Service GmbH, Stoffkontor
- Hilco Textil GmbH
- Buttinette Textil-Versandhaus GmbH

Autorin und Verlag bedanken sich ganz herzlich für die Bereitstellung der Puppen bei:

Käthe Kruse Germany since 1911 — Simba

Die Deutsche Nationalbibliothek verzeichnet diese Publikation in der Deutschen Nationalbibliografie; detaillierte bibliografische Daten sind im Internet über http://dnb.d-nb.de abrufbar.

3. Auflage 2021

Infanteriestraße 11a, D-80797 München

ISBN 978-3-8410-6476-9

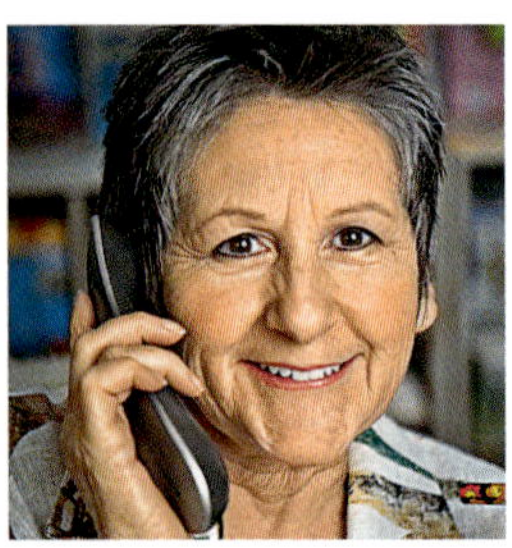

Kreativ-Service

Sie haben Fragen zu den Büchern und Materialien? Frau Erika Noll ist für Sie da und berät Sie rund um alle Kreativthemen. Rufen Sie an! Wir interessieren uns auch für Ihre eigenen Ideen und Anregungen. Sie erreichen Frau Noll per E-Mail: **mail@kreativ-service.info** oder Tel.: **+49 (0) 5052 / 91 18 58**

Besuchen Sie uns im Internet: www.christophorus-verlag.de